AF283670

Elaboración e implementación de los planes de igualdad. Nivel inicial. CTRI0004

Noelia Aranda Maiz

ic editorial

Elaboración e implementación de los planes de igualdad. Nivel inicial. CTRI0004
© Noelia Aranda Maiz

1ª Edición

© IC Editorial, 2025

Editado por: IC Editorial
c/ Cueva de Viera, 2, Local 3
Centro Negocios CADI
29200 Antequera (Málaga)
Teléfono: 952 70 60 04
Fax: 952 84 55 03
Correo electrónico: iceditorial@iceditorial.com
Internet: www.iceditorial.com

IC Editorial ha puesto el máximo empeño en ofrecer una información completa y precisa. Sin embargo, no asume ninguna responsabilidad derivada de su uso, ni tampoco la violación de patentes ni otros derechos de terceras partes que pudieran ocurrir. Mediante esta publicación se pretende proporcionar unos conocimientos precisos y acreditados sobre el tema tratado. Su venta no supone para **IC Editorial** ninguna forma de asistencia legal, administrativa ni de ningún otro tipo.

Reservados todos los derechos de publicación en cualquier idioma.

Cualquier forma de reproducción, distribución, comunicación pública o transformación de esta obra solo puede ser realizada con la autorización de sus titulares, salvo excepción prevista por la ley. Diríjase a CEDRO (Centro Español de Derechos Reprográficos) si necesita fotocopiar o escanear algún fragmento de esta obra (www.cedro.org).

Según el Código Penal, el contenido está protegido por la ley vigente que establece penas de prisión y/o multas a quienes intencionadamente reprodujeren o plagiaren, en todo o en parte, una obra literaria, artística o científica.

ISBN: 978-84-1184-649-3
Depósito Legal: MA 354-2025

Impresión: PODiPrint
Impreso en Andalucía – España

Nota de la editorial: IC Editorial pertenece a Innovación y Cualificación S. L.

Especialidad formativa

Se entiende por especialidad formativa la agrupación de contenidos, competencias profesionales y especificaciones técnicas que responde a un conjunto de actividades de trabajo enmarcadas en una fase del proceso de producción y con funciones afines.

Las especialidades formativas de Uso General, Formación Complementaria, Formación Modular y las especialidades formativas dirigidas a la obtención de certificados de profesionalidad se incluyen en el Fichero de Especialidades del Servicio Público de Empleo Estatal para su gestión en todo el territorio nacional por cualquier Administración competente.

Las especialidades complementarias, pertenecen todas a la Familia profesional de Formación Complementaria (FCO) y tienen la consideración de formación transversal en áreas que se consideran prioritarias tanto en el marco de la Estrategia Europea para el Empleo y del Sistema Nacional de Empleo como en las directrices establecidas por la Unión Europea. Se consideran áreas prioritarias las relativas a tecnologías de la información y la comunicación, la prevención de riesgos laborales, la sensibilización en medio ambiente, la promoción de la igualdad, la orientación profesional y aquellas otras que se establezcan por la Administración competente.

Las especialidades de Certificado de profesionalidad tienen una duración especificada en su normativa reguladora.

En el resultado de la búsqueda, se muestran las unidades de competencia, todos los módulos formativos con su duración y las unidades formativas del certificado correspondiente, con su duración. Las horas del certificado, exclusivo de las especialidades de certificado de profesionalidad, con alta igual o superior a 2008, son las horas totales más las horas del módulo de Prácticas Profesionales no Laborales.

- **Si la especialidad tiene unidades formativas,** las horas totales, presencial, distancia, teleformación serán igual a la suma de esas horas de las unidades formativas de los distintos módulos, sin que se repita ninguna Unidad formativa.

- **Si la especialidad no tiene unidades formativas,** las horas totales, presencial, distancia, teleformación serán igual a las sumas de esas horas de los módulos formativos, eliminando las horas de los módulos repetidos.

https://sede.sepe.gob.es/especialidadesformativas/RXBuscadorEFRED/BusquedaEspecialidades.do

(Fuente: Servicio Público de Empleo Estatal)

Índice

OBJETIVOS GENERALES

Los objetivos generales del, **CTRI0004. Elaboración e implementación de los planes de igualdad. Nivel inicial,** son los siguientes:

- ⮞ Analizar el marco normativo aplicable en los planes de igualdad para la participación y negociación en el proceso de elaboración de estos, identificando las desigualdades existentes.
- ⮞ Detectar los diferentes tipos de desigualdades y discriminaciones en los distintos contextos sociales, y sensibilizar de las consecuencias de las mismas.
- ⮞ Distinguir el marco normativo que afecta a los planes de igualdad.
- ⮞ Clasificar el contenido y las fases del plan de igualdad.

Contexto y marco estructural de las desigualdades

Contenido

Objetivos

El objetivo general de esta Unidad de Aprendizaje es:

→ Detectar los diferentes tipos de desigualdades y discriminaciones en los distintos contextos sociales y sensibilizar de las consecuencias de las mismas.

Los objetivos específicos de esta Unidad de Aprendizaje son:

→ Sensibilizar acerca de las desigualdades de género existentes.

→ Reflexionar acerca de las consecuencias sociales de la discriminación.

1. Introducción

Las mujeres y otros colectivos minoritarios sufren **discriminaciones** y **desigualdades estructurales e históricas,** que afectan a todos los ámbitos de su vida diaria, incluido el laboral.

Además, en algunos casos las discriminaciones pueden ser **múltiples,** es decir, que las mujeres u otras personas, sufren distintas opresiones a la vez, que les generan consecuencias nefastas en su vida.

En las últimas décadas, la lucha para erradicar las discriminaciones, combatir la brecha salarial y hacer frente a los distintos tipos de violencia machista se ha intensificado, aunque los datos muestran que todavía queda mucho camino por recorrer.

A lo largo de esta unidad se va a realizar un recorrido por las distintas desigualdades y tipos de discriminaciones, los conceptos más relevantes a nivel de perspectiva de género e igualdad, y se verán las consecuencias a todos los niveles que tienen las discriminaciones estructurales de género.

Para ello nos basaremos en el caso de la empresa Nexo Inclusivo S. L., que está realizando su primer plan de igualdad y registro retributivo.

2. Definición del marco estructural de desigualdades y discriminaciones

☞ HILO CONDUCTOR

En la empresa de Carla, Nexo Inclusivo S. L., quieren promover una igualdad real y efectiva en su empresa, por lo que han empezado a elaborar el plan de igualdad. Están realizando, también, el registro retributivo. Algunos de los datos más preocupantes son que el porcentaje de mujeres dirigentes es inferior al 15 % y que el 90 % de las reducciones de jornada o excedencias por cuidados las cogen ellas. Por ello, han empezado a trabajar en distintas medidas para paliar las desigualdades y discriminaciones que sufren las mujeres, por ejemplo, ofreciendo un servicio de ludoteca.

La desigualdad estructural que sufren las mujeres frente a los hombres es debida a la estructura patriarcal dominante, que encuentra sus raíces en la cultura, la historia, y los roles y estereotipos de género, que buscan reforzar y reproducir el orden patriarcal, es decir, se busca la domesticación de las mujeres. Esta desigualdad estructural afecta a todas las áreas de la vida, desde la educación hasta la tasa de empleo, teniendo en cuenta además que hay mujeres y niñas que sufren distintos tipos de discriminación y opresión.

En la actualidad, se reconoce la **igualdad formal** (artículo 14 de la Constitución española), entendida como la aceptación legal de que todas las personas, independientemente del sexo, somos iguales y debemos tener las mismas posibilidades para ejercer nuestros derechos. Sin embargo, esta igualdad formal no modifica el carácter estructural del patriarcado, por lo que es necesario aplicar medidas y estrategias a todos los niveles para que también exista la denominada **igualdad real y efectiva,** es decir, que no solo las personas sean iguales ante la ley, sino eliminar la discriminación, opresión y desigualdad de todos los ámbitos de la sociedad.

2.1. Contexto social

El contexto social es un elemento crucial para comprender las desigualdades estructurales, ya que refleja y reproduce las normas, valores y expectativas que sostienen y perpetúan las jerarquías de poder y discriminación. En sociedades con una estructura patriarcal predominante, las normas sociales y culturales asignan roles de género específicos que limitan las oportunidades y derechos de las mujeres y refuerzan la dominación masculina. La educación, la familia, los medios de comunicación, las redes sociales y las instituciones religiosas juegan un papel muy relevante en la transmisión y recuerdo de los estereotipos de género.

Además, las prácticas laborales y las políticas económicas, diseñadas en gran medida sin una perspectiva de género, tienden a ignorar o incluso reforzar las barreras a las que se enfrentan las mujeres en el mercado laboral, tales como la brecha salarial de género, la precarización del empleo femenino y la falta de medidas de conciliación laboral, personal y familiar.

Es fundamental entender el contexto social, para así reconocer que las desigualdades y discriminaciones no son solo problemas individuales, sino fenómenos estructurales que requieren un cambio de conciencia colectiva y políticas públicas que promuevan una igualdad real y efectiva.

SABÍAS QUE...

Muy relacionado con el concepto de precarización del empleo femenino se encuentra la feminización del desempleo, por un lado, por la desigualdad estructural, ya que las mujeres se encuentran en una peor situación de partida y, por otro, la feminización del paro, que supone que 6 de cada 10 personas en situación de desempleo son mujeres.

3. Interpretación de la desigualdad estructural de mujeres y hombres

 HILO CONDUCTOR

En la empresa de Carla, Nexo Inclusivo S. L. están elaborando su primer plan de igualdad y han decidido también realizar una investigación para conocer las dificultades específicas y necesidades concretas de sus trabajadoras y trabajadores. El objetivo es aplicar una perspectiva interseccional y conocer las distintas discriminaciones que sufren las personas de la plantilla. Uno de los primeros resultados obtenidos es que las mujeres de la plantilla de origen extranjero tienen más dificultades en el momento de conciliar la vida profesional y familiar, y además, ascienden menos que las mujeres autóctonas.

La desigualdad estructural entre mujeres y hombres tiene su origen en la estructura patriarcal y durante siglos se ha ido reproduciendo a través de la socialización de género, que se basa y transmite a través de los roles y estereotipos de género y la división sexual del trabajo. Esta socialización diferencial hace que mujeres y hombres reciban una educación distinta, e implica que las niñas y niños tengan roles distintos en la vida, perpetuándose a través de la división sexual del trabajo y los estereotipos de género.

3.1. Conceptualización y datos

La desigualdad estructural y las distintas discriminaciones hacia las mujeres son estructurales, sistémicas e históricas. La **socialización diferencial de género** es el eje de esta.

La socialización diferencial se materializa en:

- **Estereotipos de género.** Conjunto de ideas impuestas, simplificadas, asumidas por la sociedad sobre las actitudes, aptitudes y características de hombres y mujeres. Los estereotipos se han ido transmitiendo de generación en generación en nuestras sociedades.
- **Roles de género.** Conjunto de normas sociales y comportamientos que deben seguir hombres y mujeres en función de la construcción social de femineidad y masculinidad de esa sociedad.
- **División sexual del trabajo.** Hace referencia a la forma en la que se han repartido las tareas reproductivas y productivas según los sexos. Es una de las formas de organización social y económica básica en las sociedades.
- **Esfera privada.** Es el espacio de inactividad. Es el lugar donde se cuida del hogar, la crianza y el cuidado de las personas. En este espacio se ha colocado tradicionalmente a las mujeres.
- **Esfera pública.** Ámbito productivo, donde tiene lugar la vida social, política, laboral y económica. Es donde se ha colocado tradicionalmente a los hombres.

◁◉▷ EJEMPLO

La división sexual del trabajo se ve reflejada en la actualidad en distintos aspectos, por ejemplo, en las tareas domésticas y de cuidado, que siguen recayendo mayoritariamente en las mujeres, son ellas las que se cogen reducciones de jornada o excedencias. Asimismo, también la segregación vertical o segregación horizontal. Además, según ONU Mujeres, a fecha de enero de 2024, las mujeres representan el 23,3 % de los miembros de gabinete que dirigen ministerios políticos a nivel internacional.

La desigualdad estructural que sufren las mujeres tiene relevancia a nivel internacional, se ve a todos los niveles:

⮩ **Seguridad Social de España (2024):**

- ↻ En el primer trimestre de 2024 el 85 % de las excedencias solicitadas para cuidados han sido solicitadas por mujeres.
- ↻ Durante 2023, el 90,8 % de las reducciones de jornada para el cuidado de hijos e hijas fueron solicitadas por mujeres.
- ↻ Según el SEPE, el 95,56 % de las personas que están dadas de alta en el régimen de empleadas del hogar son mujeres.

⮩ **ONU Mujeres (2023):**

- ↻ Las mujeres tienen menos acceso al trabajo remunerado que los hombres.
- ↻ La violencia contra las mujeres y niñas sigue siendo generalizada.
- ↻ 9 de cada 10 hombres y mujeres tienen prejuicios contra las mujeres.
- ↻ De los 120 países estudiados, 67 carecen de leyes que prohíban la discriminación directa y/o indirecta contra las mujeres.
- ↻ 53 países no tienen leyes específicas de igualdad de remuneración por un trabajo de igual valor.
- ↻ Solo el 28,2 % de los cargos directivos, a nivel mundial, recaen en mujeres.
- ↻ 245 millones de mujeres y niñas de 15 años o más experimentan violencia física o sexual a manos de su pareja.

⮩ **Índice de Empoderamiento de las Mujeres e Índice Mundial de Paridad de Género (2022):**

- ↻ El empoderamiento de las mujeres se encuentra alrededor del 43 % en los países de desarrollo humano bajo y alrededor del 73 % en los países de desarrollo humano muy alto.
- ↻ En relación con el empoderamiento en cuanto a salud reproductiva, solo 5 países de 195 han alcanzado o superado el 90% de demanda de planificación familiar con métodos anticonceptivos modernos.
- ↻ La brecha de género promedio a nivel mundial es de casi el 28 %.
- ↻ La brecha de género en los países de desarrollo humano muy alto se encuentra alrededor del 20 % y en los países de desarrollo humano alto, alrededor del 27 %.

⮩ **Macroencuesta de violencia contra la mujer en España (2019):**

- ↻ Un 32,4 % de las mujeres ha sufrido violencia en la pareja.
- ↻ El 77,4 % de las mujeres que han sufrido violencia, sea física, psicológica o sexual, rompieron la relación por los episodios de violencia.

◍ El 70 % de las mujeres que han sufrido violencia afirman que los episodios les han provocado secuelas psicológicas.

◍ El 24,4 % de las mujeres que han sufrido violencia de alguna pareja y el 33 % de las mujeres que ha sufrido violencia sexual han consumido medicamentos, alcohol u otras drogas para afrontar la situación.

 SABÍAS QUE...

En Egipto, solo el 22,5 % de las mujeres en edad de máxima productividad (entre los 25 y los 54 años) que viven en un hogar conformado por una pareja y al menos un hijo menor de 6 años forman parte del mercado laboral, y solo el 24,2 % de las mujeres de 15 años o más poseen una cuenta en una entidad bancaria.

3.2. Conceptos básicos de desigualdades de género

La desigualdad de género hace referencia a un gran número de conceptos y situaciones. A continuación vemos los más relevantes:

◆ **Igualdad formal.** Artículo 14 de la Constitución española: todas las personas somos iguales ante la ley.

◆ **Igualdad de oportunidades.** Todas las personas podemos acceder a los mismos bienes y servicios.

◆ **Equidad.** Toda persona debe ser tratada en función de sus posibilidades, necesidades y diferencias. Parte de las diferencias para encontrar un equilibrio igualitario.

◆ **Prejuicios.** Sentimientos y emociones positivas o negativas que se tienen sobre un grupo social y las personas que forman parte de él.

◆ **Brecha de género.** Es la diferencia entre las tasas masculinas y femeninas en la categoría de una variable. Es un concepto multidimensional, por lo que podríamos hablar de ámbitos distintos como la brecha en la dirección de empresas, en STEM, en ámbito deportivo, económico o social, etc.

◆ **Sexismo hostil.** Es el sexismo directo, el tradicional e histórico, la discriminación y desigualdad estructural hacia las mujeres, por el hecho de ser mujeres. En la práctica, sería un tratamiento desigual hacia las mujeres, considerándolas inferiores y subordinadas.

◆ **Sexismo benévolo.** Es una forma de discriminación sutil. Considera a la mujer el sexo débil, por lo que lleva a cabo un trato desigual y denigrante. Se basa en los estereotipos y roles de género tradicionales pero enmascarado dentro de un todo afectivo positivo.

- **Discriminación.** Dar un trato desigual a una persona por su sexo, sus creencias políticas, religiosas, por su color de piel, por su origen, por su orientación sexual, etc.
- **Androcentrismo.** El hombre como medida de todas las cosas.
- **Patriarcado.** Según Dolors Reguant (1996): "Es una forma de organización política, económica, religiosa y social basada en la idea de autoridad y liderazgo del varón, en la que se da el predominio de los hombres sobre las mujeres; del marido sobre la esposa, del padre sobre la madre, los hijos y las hijas; de los viejos sobre los jóvenes y de la línea de descendencia paterna sobre la materna. El patriarcado ha surgido de una toma de poder histórico por parte de los hombres, quienes se apropiaron de la sexualidad y reproducción de las mujeres y de su producto, los hijos, creando al mismo tiempo un orden simbólico a través de los mitos y la religión que lo perpetúan como la única estructura posible".
- **Segregación horizontal.** Se produce cuando las mujeres están sobrerrepresentadas en actividades vinculadas a las tareas habitualmente femeninas basadas en la división sexual del trabajo.
- **Segregación vertical.** Se produce cuando las personas de determinado sexo o raza no pueden acceder a los puestos más altos de las empresas. También se conoce como techo de cristal.

 PARA SABER MÁS

Puedes consultar un artículo donde se define sexismo hostil y benevolente. Se ofrecen también ejemplos y se relaciona con el racismo. Para ello accede desde aquí:

https://redirectoronline.com/ctri00040101

3.3. Tipologías de discriminaciones

Discriminación es un concepto complejo. Se debe tener en cuenta que de toda discriminación subyace un prejuicio, que se asigna a una persona por pertenecer a determinado grupo (Rey, 2017, citado en Arce, 2020). En este sentido, se hace referencia a las discriminaciones que sufren las mujeres por el hecho de serlo.

Se deben tener en cuenta **dos características** de la discriminación:

> La mayoría de los rasgos que justifican los estereotipos no son elegidos: sexo, etnia, orientación/identidad sexual, diversidad funcional, edad, país de origen, etc.

> Los elementos que construyen la discriminación se basan en sentimientos y creencias incorporados desde la infancia. La socialización diferencial de género es un papel clave en este proceso.

Los tipos de discriminación más comunes son:

- **Discriminación directa.** Situación en la que una persona o grupo recibe un trato desigual y perjudicial basado en motivos de sexo, raza, color, religión, opinión política, origen social, etc.
- **Discriminación indirecta.** Un tratamiento diferenciado se basa en un motivo aparentemente neutro, pero que al aplicarlo tiene un impacto perjudicial sobre un grupo o colectivo.
- **Discriminación por indiferenciación.** Cuando no se trata de modo diferente, sin justificación objetiva, a personas que se encuentran en situaciones sustancialmente distintas. No todas las personas partimos de la misma situación de origen y, por tanto, si estando en puntos totalmente diferenciados se nos trata de la misma forma, no podremos acceder a los mismos bienes y servicios. Muy relacionada con el concepto de equidad.
- **Discriminación interseccional/múltiple.** Es una situación de discriminación dada por diversos motivos (De Lama, 2013). Cuando existen sobre una persona o colectividad varias discriminaciones producidas por varios factores, tales como el sexo, la raza, la etnia, la orientación sexual, etc.
- **Discriminación estructural.** Es un tipo de desigualdad que lleva a la persistencia de estructuras de subordinación y dominación, y los resultados son sistémicamente desventajosos para algunos grupos. Además, es una discriminación perpetuada y tolerada por los Estados. Dos ejemplos de discriminaciones estructurales serían las que sufren las mujeres y las personas migrantes.

 **TAREA 1**

Paola es una mujer de origen extranjero que ha llegado a España hace seis meses, en busca de una vida mejor para ella y su hija pequeña. Trabaja como limpiadora en unas oficinas y desde el principio ha sido tratada de forma distinta por su superior. Se le asignan siempre las tareas más pesadas, se le pide trabajar más horas sin remuneración adicional y se la amenaza constantemente con despedirla si no accede. A menudo, su superior hace comentarios despectivos sobre su origen y la ridiculiza frente al resto de la plantilla. Indica qué tipos de discriminaciones está sufriendo Paola.

3.4. Marco conceptual de la perspectiva de género y la interseccionalidad

La **perspectiva de género** es una herramienta conceptual que busca mostrar las diferencias entre mujeres y hombres, es decir, presta atención a estas diferencias entre sexos en las distintas actividades. Es una metodología que nos permite identificar, cuestionar y valorar la discriminación, desigualdad y exclusión de las mujeres. Es importante incorporar la perspectiva de género en la elaboración de proyectos, formaciones, políticas públicas, entre otros, porque ayuda a identificar y valorar las necesidades y circunstancias específicas de la población. El género, como categoría social, deber ser tenido en cuenta. No se trata únicamente de incluir a las mujeres, sino de analizar las consecuencias de la asociación diferencial de género y proponer alternativas. Esta aproximación nos permite adecuar los proyectos, las intervenciones, las investigaciones, etc. a las mujeres y, por lo tanto, ofrecer posibles soluciones más adecuadas.

En referencia a la **interseccionalidad,** es un concepto acuñado en 1989 por Kimberlé Willims Crenshaw, que lo define como "el fenómeno por el cual cada individuo sufre opresión u ostenta privilegio en base a su pertenencia a múltiples categorías sociales". La interseccionalidad muestra que las distintas categorías sociales (sexo, raza, clase social, religión, etc.) generan distintas opresiones y privilegios en el momento que se entrecruzan entre ellas.

 **EJEMPLO**

Al aplicar la perspectiva de género e interseccional, se puede observar cómo se pueden sufrir distintas opresiones y discriminaciones. Por ejemplo, en un caso de violencia de género, las dificultades serán distintas para una mujer autóctona que para una mujer migrada, ya que comparten la desigualdad por sexo, pero el ser inmigrante tienen unas dificultades añadidas y unas características específicas. Por supuesto, se pueden añadir otras dimensiones, como ser una mujer migrada en situación de irregularidad administrativa o ser usuaria de drogas, por ejemplo.

3.5. Violencias machistas

Las violencias machistas son la forma más extrema de demostración de la desigualdad estructural existente entre mujeres y hombres. A nivel internacional, la **convención sobre la eliminación de todas las formas de discriminación contra las mujeres** (CEDAW), en su artículo 1, señaló por primera vez que las violencias machistas se basan en la desigualdad de poder entre mujeres y hombres, como consecuencia de la estructura patriarcal.

Asimismo, el Convenio del Consejo de Europa sobre la prevención y lucha contra la violencia contra las mujeres y la violencia doméstica (2011), al referirse a violencias machistas, incluye la violencia de género, el acoso sexual, la violación, los matrimonios forzosos, los crímenes cometidos supuestamente en nombre del honor y las mutilaciones genitales.

VÍDEO

Puedes ver el vídeo de la campaña del Ministerio de Igualdad para sensibilizar contra la violencia de género accediendo desde aquí:

Continúa en página siguiente >>

<< Viene de página anterior

https://redirectoronline.com/ctri00040102

3.6. Tiempo de trabajo y cuidados

El **Centro de Investigaciones Sociológicas** ha realizado una investigación acerca de los estereotipos de género e igualdad entre mujeres y hombres, incluyendo el trabajo de cuidados y tareas domésticas (2023).

En relación con el **tiempo de trabajo y cuidados,** según los datos de la investigación, en un día laborable las mujeres dedican más tiempo a las tareas domésticas que los hombres. Ellas ocupan 172 min, frente a los 126 min de los hombres. No obstante, en referencia al cuidado de las hijas e hijos, las mujeres dedican 412, 25 min al día y los hombres alrededor de 228,88 min. Finalmente, si se hace referencia al cuidado de personas dependientes, el tiempo se iguala bastante: las mujeres dedican 364,69 min al día y los hombres 314,11.

En la misma línea, el **Ministerio de Igualdad,** en 2023, elaboró el Documento de Bases por los Cuidados, donde destacan los siguientes datos:

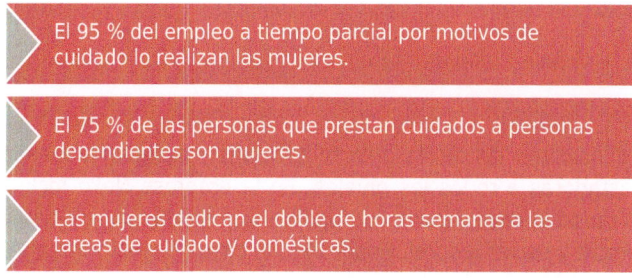

El 95 % del empleo a tiempo parcial por motivos de cuidado lo realizan las mujeres.

El 75 % de las personas que prestan cuidados a personas dependientes son mujeres.

Las mujeres dedican el doble de horas semanas a las tareas de cuidado y domésticas.

 **PARA SABER MÁS**

Puedes leer el resumen ejecutivo del Documento de Bases por los Cuidados realizado por el Ministerio de Igualdad accediendo desde aquí:

https://redirectoronline.com/ctri00040103

 ACTIVIDAD COMPLEMENTARIA

1. Busca distintas noticias que hagan referencia a la discriminación que sufren las mujeres en relación con las tareas domésticas y de cuidado.

4. Cuantificación de las consecuencias de las desigualdades y discriminaciones

👉 **HILO CONDUCTOR**

Las consecuencias de las discriminaciones y desigualdades estructurales son devastadoras a todos los niveles. En la empresa Nexo Inclusivo S. L. están analizando el caso de una compañera que en dos años ha cogido 5 bajas por ansiedad y estrés laboral. Analizando el caso han visto que es una compañera que lleva 10 años en la empresa, con los mejores resultados de venta, pero siempre que ha intentado promocionar han promocionado a un hombre con peores resultados y menos tiempo en la empresa. Asimismo, en los últimos

Continúa en página siguiente >>

<< Viene de página anterior

años ha sido madre de tres niñas, lo que ha hecho que tuviera que cogerse un par de excedencias para el cuidado. Este hecho también le ha dificultado la promoción en la empresa y el poder acceder a puestos de liderazgo. Desde hace unos meses, Patricia, la trabajadora de la que hablamos, ha sido diagnosticada con depresión generalizada.

Las desigualdades y discriminaciones estructurales generan profundas consecuencias en diversos aspectos de la vida de las personas y en el funcionamiento de la sociedad en su conjunto.

Estas repercusiones no solo afectan a nivel individual, afectando a la salud, el bienestar emocional y las oportunidades de desarrollo personal, sino que también se extienden a esferas más amplias, como puede ser el ámbito laboral, económico y social. Las discriminaciones y desigualdades de género, por ejemplo, no solo limitan el acceso a empleos que tengan unas condiciones justas, sino que también perpetúan la pobreza, restringen el crecimiento económico y generan tensiones sociales que afectan la cohesión y el progreso de las comunidades. Comprender y cuantificar estas consecuencias es crucial para implementar medidas efectivas que promuevan una igualdad real y efectiva.

4.1. Personales, laborales, sociales y económicas

Las consecuencias de las desigualdades estructurales afectan a las personas implicadas, pero también tienen un impacto muy relevante en la justicia, la cohesión social y el desarrollo de las sociedades. Es esencial poder combatir estas desigualdades, para minimizar las consecuencias y para la consecución de sociedades más inclusivas, justas y equitativas.

Las consecuencias más relevantes a nivel personal, laboral, social y económico son las siguientes:

➲ **Personales:**

    ◑ **Impacto en la salud mental:** ansiedad, depresión, baja autoestima y estrés postraumático.

    ◑ **Limitación en el desarrollo personal:** se limitan las posibilidades de autorrealización y crecimiento personal.

- **Aumento del riesgo a sufrir violencia de género:** incremento de actos violentos dirigidos a personas por su género, identidad sexual o por motivos discriminatorios, especialmente hacia mujeres y colectivos vulnerables.
- **Desigualdad en el acceso a la salud:** las mujeres y otros grupos oprimidos pueden encontrar barreras para recibir atención médica adecuada, incluida la salud sexual y reproductiva.
- **Aislamiento social:** las barreras de género pueden limitar las redes de apoyo y la participación social, aumentando la exclusión de las personas afectadas.

Laborales:

- **Brecha salarial de género:** la desigualdad de género en el trabajo se refleja en salarios más bajos para las mujeres en comparación con los hombres, incluso en roles equivalentes.
- **Segregación ocupacional:** las mujeres y otros colectivos minoritarios son relegados a labores menos valoradas y peor remuneradas, como el trabajo doméstico y de cuidados.
- **Menor acceso a puestos de liderazgo:** las personas de géneros tradicionalmente desfavorecidos tienen menos oportunidades de acceder a cargos directivos, perpetuando la desigualdad en la toma de decisiones.
- **Acoso sexual y acoso por razón de sexo:** la discriminación de género puede manifestarse en formas de abuso o intimidación en el entorno laboral y otros espacios, afectando la seguridad y el bienestar de las personas.
- **Dificultades en la conciliación laboral y familiar:** la discriminación de género puede manifestarse en formas de abuso o intimidación en el entorno laboral y otros espacios, afectando la seguridad y el bienestar de las personas.

Sociales:

- **Reproducción de estereotipos de género:** los roles de género tradicionales refuerzan creencias limitantes sobre las capacidades y oportunidades de las personas, perpetuando la desigualdad.
- **Desigualdad de acceso a la educación:** las niñas y mujeres en algunos contextos se enfrentan a mayores barreras para acceder a la educación, lo que perpetúa el ciclo de la desigualdad y la pobreza.
- **Aumento de la violencia de género y delitos de odio:** las desigualdades estructurales contribuyen a la frecuencia de actos de violencia dirigidos a personas por su sexo o identidad, así como a delitos motivados por prejuicios, generando entornos de inseguridad y exclusión.

- **Polarización y conflicto social:** la desigualdad puede generar tensiones políticas y sociales, con lo cual aumenta la polarización y el conflicto dentro de la sociedad.
- **Subrepresentación política y en la toma de decisiones:** la falta de igualdad limita la presencia de mujeres y minorías en espacios de poder y decisión, restringiendo su influencia en políticas y cambios sociales.

➲ **Económicas:**

- **Menor capacidad adquisitiva:** la desigualdad salarial y segregación ocupacional reducen el poder adquisitivo de las mujeres y aumentan el riesgo de pobreza.
- **Impacto en la economía familiar:** la brecha salarial y la falta de oportunidades laborales justas afectan directamente a la economía de las familias, especialmente en los hogares monomarentales.
- **Menor acceso a recursos financieros y de propiedad:** las personas afectadas por desigualdad de género enfrentan mayores obstáculos para adquirir propiedad y acceder a recursos económicos.
- **Menor acumulación de riqueza:** la disparidad en ingresos y oportunidades impide que las personas en situación de desigualdad acumulen patrimonio y recursos a lo largo del tiempo.
- **Desigualdad en las oportunidades de emprendimiento:** las barreras estructurales dificultan a las mujeres iniciar y sostener sus negocios propios.

APLICACIÓN PRÁCTICA

Laura, trabajadora de Nexo Inclusivo S. L., ha sufrido distintas consecuencias laborales debido a ser una mujer en el mundo tecnológico, un sector muy masculinizado. ¿Cuál de las siguientes no sería una consecuencia laboral?

- **No ha podido acceder a puestos de liderazgo en su empresa.**
- **Ha sufrido acoso sexual por parte de su superior.**
- **En el momento que fue madre solicitó poder trabajar algunas horas en casa, para conciliar la vida laboral y familiar, pero le fue denegado.**
- **Se ha encontrado en riesgo de pobreza y exclusión social por no poder acumular riqueza.**

Continúa en página siguiente >>

<< Viene de página anterior

Solución

Entre las situaciones planteadas no sería una consecuencia laboral el momento que fue madre y solicitó poder trabajar algunas horas en casa, para conciliar la vida laboral y familiar, pero le fue denegado. No poder acumular riqueza es una consecuencia que se basa en la segregación ocupacional y la brecha salarial, que son consecuencias laborales, pero esta sería una consecuencia económica.

---

5. Resumen

Las desigualdades entre mujeres y hombres son estructurales y sistémicas, por lo que las mujeres y otros colectivos minoritarios sufren distintas opresiones y discriminaciones. Para resolver el problema es necesario trabajar desde una perspectiva de género e interseccional.

Las distintas discriminaciones y la desigualdad parten del patriarcado, que considera que los hombres son superiores y las mujeres subordinadas. Este hecho se transmite a través de la socialización diferencial de género, la división sexual del trabajo y los estereotipos de género. Una de las formas más devastadoras que muestran la desigualdad estructural es la violencia machista hacia las mujeres, por ejemplo la violencia de género o la violencia sexual.

Mostramos un resumen de la definición de perspectiva de género e interseccional, los principales tipos de discriminaciones y las consecuencias de estas:

Perpectiva de género e interseccional
- La perspectiva de género busca conocer, identificar y combatir las diferencias entre mujeres y hombres, para así ir reduciendo la desigualdad, discriminación y exclusión de las mujeres de los distintos ámbitos de la vida, como los puestos de liderazgo.
- La perspectiva interseccional hace referencia a que las personas pueden sufrir varias opresiones y discriminaciones que interseccionan entre sí.

Continúa en página siguiente >>

<< Viene de página anterior

Tipos de discriminaciones
- Discriminación directa
- Discriminación indirecta
- Discriminación estructural
- Discriminación por indiferenciación
- Discriminación múltiple

Consecuencias de las discriminaciones estructurales
- Personales
- Sociales
- Económicas
- Laborales

Ejercicios de autoevaluación
Unidad de Aprendizaje 1

1. La igualdad formal se refiere a:

    a. La igualdad en el acceso a la educación
    b. El reconocimiento legal de que todas las personas son iguales ante la ley.
    c. La igualdad en el ámbito laboral
    d. La igualdad en la representación política

2. ¿Qué concepto acuñó Kimberlé Williams Crenshaw en 1989?

    a. Perspectiva de género
    b. Desigualdad estructural
    c. Feminización del desempleo
    d. Interseccionalidad

3. En el contexto social patriarcal, las normas sociales y culturales tienden a:

    a. Promover la igualdad de género.
    b. Asignar roles de género que limitan las oportunidades de las mujeres.
    c. Eliminar las desigualdades estructurales.
    d. Fortalecer la participación de las mujeres en el mercado laboral.

4. La violencia machista, según la Convención sobre la Eliminación de Todas las Formas de Discriminación contra las Mujeres (CEDAW), es una consecuencia de:

    a. La desigualdad económica.
    b. La estructura patriarcal.
    c. La falta de educación.
    d. La globalización.

5. Determina si la siguiente oración es verdadera o falsa: "La feminización del desempleo implica que un mayor porcentaje de personas desempleadas son mujeres".

- ■ Verdadero
- ■ Falso

6. ¿Qué término describe la asignación de tareas domésticas y de cuidado principalmente a las mujeres?

- a. Socialización diferencial
- b. Desigualdad formal
- c. Segregación vertical
- d. División sexual del trabajo

7. Determina si la siguiente oración es verdadera o falsa: "La igualdad real y efectiva se refiere únicamente a la igualdad ante la ley".

- ■ Verdadero
- ■ Falso

8. ¿Qué artículo de la Constitución española reconoce la igualdad formal entre personas independientemente de su sexo?

- a. Artículo 10
- b. Artículo 14
- c. Artículo 27
- d. Artículo 35

9. ¿Cuál es uno de los principales factores que perpetúan las jerarquías de poder y discriminación en sociedades con una estructura patriarcal predominante?

- a. La distribución equitativa de la riqueza.
- b. La educación igualitaria.
- c. Las normas sociales y culturales.
- d. El acceso a la tecnología.

10. **Determina si la siguiente oración es verdadera o falsa: "La interseccionalidad considera cómo diferentes categorías sociales como género, raza y clase pueden generar opresiones combinadas".**

    ■ Verdadero
    ■ Falso

Marco jurídico en la elaboración de los planes de igualdad

Contenido

Objetivos

El objetivo general de esta Unidad de Aprendizaje es:

→ Distinguir el marco normativo que afecta a los planes de igualdad.

Los objetivos específicos de esta Unidad de Aprendizaje son:

→ Diferenciar las distintas implicaciones de la normativa.

→ Reflexionar acerca de la igualdad real y efectiva de las personas trans y del colectivo LGTBI.

→ Identificar los riesgos y factores de discriminación en la salud laboral.

1. Introducción

Desde hacer varias décadas es una prioridad la consecución de la igualdad real y efectiva entre mujeres y hombres en todos los ámbitos, incluyendo el ámbito laboral. Para ello, se han aprobado a nivel internacional, europeo y español distintas normativas que regulan, tanto la violencia contra las mujeres como la creación de los planes de igualdad y los protocolos de prevención y actuación del acoso sexual y acoso por razón de sexo.

De la misma forma, en los últimos años también se está trabajando y aprobando normativa para la consecución de la igualdad real de las **mujeres trans y personas LGTBI.**

El objetivo de las administraciones es **erradicar cualquier tipo de discriminación** y trabajar en las distintas opresiones y discriminaciones que sufren las personas, desde una perspectiva de género e interseccional.

Por ello, a lo largo de esta unidad vamos a conocer la **normativa aplicable** a los planes de igualdad, así como el protocolo de acoso sexual y acoso por razón de sexo, el plan LGTBI y el plan de discriminación.

También, conoceremos las **violencias machistas** que afectan a las empresas y cómo estas deben crear herramientas y acciones para combatirlas.

Finalmente, analizaremos la salud laboral y los riesgos laborales desde una **perspectiva de género.**

Para ello nos seguiremos basando en el caso de la empresa Nexo Inclusivo S. L., que se encuentra en el proceso de implementación de su plan de igualdad, y que ha empezado a recibir quejas y denuncias de sus trabajadoras/es por sentirse discriminadas a distintos niveles.

2. Análisis del marco normativo laboral

 **HILO CONDUCTOR**

En la empresa de Carla, Nexo Inclusivo S. L., están elaborando su primer plan de igualdad, por lo que en la actualidad están revisando toda la normativa

Continúa en página siguiente >>

<< Viene de página anterior

aplicable. En la fase I están creando la comisión negociadora, que es un paso imprescindible en la elaboración de planes de igualdad. En este caso, al ser una empresa de 65 empleados/as, el plan de igualdad es obligatorio. Además, tienen representación legal de las personas trabajadoras, por lo que la comisión negociadora finalmente ha quedado compuesta por 4 personas como representantes de la empresa y otras 4 personas como representación de las trabajadoras y trabajadores. La presidenta es una representante de la empresa y la secretaria, una representante de las personas trabajadoras.

La consecución de la igualdad real y efectiva a nivel laboral, y en el resto de los niveles de la vida, es un objetivo clave de los distintos gobiernos y administraciones. Para ello, en las últimas décadas se han aprobado distintas leyes y decretos-leyes para contribuir en la consecución de esta igualdad. Asimismo, a nivel internacional y europeo también se ha ido aprobando distinta normativa aplicable, como Convenio de Estambul, el Convenio de Lanzarote o la Carta de Derechos Fundamentales de la Unión Europea. A nivel laboral, las distintas investigaciones muestran que queda un gran camino todavía para conseguir la igualdad, sigue existiendo una segregación ocupación y una brecha de género. No obstante, las distintas medidas, incluidas los planes de igualdad, están contribuyendo en revertir la situación.

2.1. Derecho laboral, igualdad, negociación colectiva, RPT

La normativa nacional aplicable a los planes de igualdad es extensa y abarca distintos ámbitos de la elaboración e implementación de los planes de igualdad:

- **Derecho laboral.** En relación con los derechos laborales, y a la prevención de las violencias sexuales en el ámbito laboral destaca:

    - Real Decreto Legislativo 2/2015, de 23 de octubre, por el que se aprueba el texto refundido de la Ley del Estatuto de los Trabajadores.
    - Estatuto Básico del Empleado Público.
    - Real Decreto Legislativo 5/2000, de 4 de agosto, por el que se aprueba el texto refundido de la Ley sobre Infracciones y Sanciones del Orden Social.

➲ **Igualdad.** En la actualidad a nivel estatal existe un gran número de legislación referente a la consecución de la igualdad real y efectiva entre mujeres y hombres. La más relevante y referente a los planes de igualdad es:

- Ley Orgánica 3/2007, de 22 de marzo, para la igualdad efectiva de mujeres y hombres.
- Real Decreto-ley 6/2019, de 1 de marzo, de medidas urgentes para garantía de la igualdad de trato y de oportunidades entre mujeres y hombres en el empleo y la ocupación.
- Real Decreto 901/2020, de 13 de octubre, por el que se regulan los planes de igualdad y su registro, y se modifica el Real Decreto 713/2010, de 28 de mayo, sobre registro y depósito de convenios y acuerdos colectivos de trabajo.
- Real Decreto 902/2020, de 13 de octubre, de igualdad retributiva entre mujeres y hombres.
- Ley Orgánica 10/2022, de 6 de septiembre, de garantía integral de la libertad sexual.
- Ley 15/2022, de 12 de julio, integral para la igualdad de trato y la no discriminación.

➲ **Negociación colectiva.** Desde la entrada en vigor del Real Decreto-Ley 6/2019, de 1 de marzo, de medidas urgentes para garantía de la igualdad de trato y de oportunidades entre mujeres y hombres en el empleo y la ocupación, debe realizarse la negociación colectiva del plan de igualdad, en las empresas donde es obligatorio tener un plan de igualdad.
La representación de las personas trabajadoras en la comisión negociadora estará conformada por delegadas/os de personal, el comité de empresa o las secciones sindicales.

➲ **Relaciones de puestos de trabajo (RPT).** Uno de los objetivos de los planes de igualdad es conseguir una igualdad retributiva y erradicar la segregación horizontal y vertical de las mujeres, por lo que se debe aplicar la perspectiva de género en relación con los puestos de trabajo. Para ello la normativa aplicable es:

- Artículo 28 del texto refundido de la Ley del Estatuto de los Trabajadores, aprobado por el Real Decreto Legislativo 3/2015, de 23 de octubre (Estatuto de los Trabajadores).
- Artículos 4, 6, 8 y 9 del Real Decreto 902/2020, de 13 de octubre, de igualdad retributiva entre mujeres y hombres.

 **PARA SABER MÁS**

El Ministerio de Igualdad ha creado una herramienta para valorar los puestos de trabajo que tiene como objetivo establecer un procedimiento adecuado a la normativa vigente para valorar los puestos de trabajo y ver si cada empresa cumple con la normativa y contribuye en la consecución de la igualdad. Consulta más información sobre esta herramienta accediendo desde aquí:

https://redirectoronline.com/ctri00040201

3. Conceptualización de los contenidos del plan de igualdad

 **HILO CONDUCTOR**

En Nexo Inclusivo S. L. han recibido una queja por parte de una trabajadora, Paula, que afirma que ha sufrido discriminación por ser lesbiana y que además sufre acoso sexual por parte de varios compañeros de su departamento. En esta situación, la empresa ha decidido tomar distintas medidas basadas en el plan LGTBI y el protocolo de prevención y actuación ante el acoso sexual y acoso por razón de sexo. Ha abierto dos investigaciones internas (una por cada tipo de discriminación) y ha aplicado medidas cautelares, como el cambio de horario de Paula y la realización de distintas formaciones acerca de los derechos LGTBI y el acoso sexual y acoso por razón de sexo.

En España, los planes de igualdad han sido pensados como herramientas estratégicas para la consecución de la igualdad de trato y de oportunidades entre mujeres y hombres en el ámbito laboral. Los contenidos del plan de igualdad abarcan las distintas áreas y aspectos clave para identificar y eliminar las discriminaciones de género. Estos contenidos suelen incluir un diagnóstico previo de la situación de la empresa, la identificación de objetivos generales y específicos, el diseño de medidas concretas para fomentar la igualdad en los distintos ámbitos (selección y contratación de personal; promoción y formación profesional; conciliación de la vida personal y laboral, y prevención de acoso sexual y acoso por razón de sexo). Además, el plan de igualdad debe contener mecanismos para el seguimiento y evaluación, con el fin de asegurar su cumplimiento y efectividad.

3.1. Discriminaciones

En las empresas, aparte de la posible segregación ocupacional o la brecha salarial, también existen otro tipo de discriminaciones. Por ello, desde 2023 es obligatorio con independencia del número de personas trabajadoras en la empresa, la creación de un **plan de discriminación,** donde la empresa desarrolla medidas para evitar cualquier discriminación.

De la misma manera, también es obligatorio para las empresas la creación e implementación del **protocolo de prevención y actuación ante el acoso sexual y acoso por razón de sexo.** Este protocolo busca erradicar este tipo de discriminaciones e implementar medidas a todos los niveles de la empresa para conseguir la igualdad y evitar la violencia contra las mujeres y otros colectivos. Así, ambos conceptos son definidos en la legislación de la siguiente manera:

➲ **Acoso sexual.** Definido en el artículo 7.1. de la Ley Orgánica 3/2007, de 22 de marzo, para la igualdad efectiva de mujeres y hombres, que dice:

Cualquier comportamiento, verbal o físico, de naturaleza sexual que tenga el propósito o produzca el efecto de atentar contra la dignidad de una persona, en particular cuando se crea un entorno intimidatorio, degradante u ofensivo.

➲ **Acoso por razón de sexo.** Viene definido en el artículo 7.2 de la Ley Orgánica 3/2007, de 22 de marzo, para la igualdad efectiva de mujeres y hombres, que dice:

Cualquier comportamiento realizado en función del sexo de una persona, con el propósito o el efecto de atentar contra su dignidad y de crear un entorno intimidatorio, degradante u ofensivo.

 **VÍDEO**

Puedes ver un vídeo donde se explica el acoso sexual y el acoso por razón de sexo basado en la Ley Orgánica 3/2007, de 22 de marzo, para la igualdad efectiva de mujeres y hombres accediendo desde aquí:

https://redirectoronline.com/ctri00040202

 APLICACIÓN PRÁCTICA

En la empresa Nexo Inclusivo S. L. están redactando el plan de igualdad pero no tienen muy claras algunas definiciones, por lo que será necesario que les ayudes a relacionar cada concepto con su definición.

A	Acoso sexual
B	Acoso por razón de sexo
C	Plan de discriminación
D	Protocolo de prevención y actuación ante acoso sexual y acoso por razón de sexo

1	Plan donde la empresa desarrolla medidas para evitar cualquier discriminación.
2	Cualquier comportamiento realizado en función del sexo de una persona, con el propósito o el efecto de atentar contra su dignidad y de crear un entorno intimidatorio, degradante u ofensivo.

Continúa en página siguiente >>

<< Viene de página anterior

3	Documento que busca erradicar el acoso e implementar medidas a todos los niveles de la empresa para conseguir la igualdad y evitar la violencia contra las mujeres y otros colectivos.
4	Cualquier comportamiento, verbal o físico, de naturaleza sexual que tenga el propósito o produzca el efecto de atentar contra la dignidad de una persona, en particular cuando se crea un entorno intimidatorio, degradante u ofensivo.

Solución

La relación correcta de los conceptos anteriores y sus definiciones es la siguiente:

A	Acoso sexual	4	Cualquier comportamiento, verbal o físico, de naturaleza sexual que tenga el propósito o produzca el efecto de atentar contra la dignidad de una persona, en particular cuando se crea un entorno intimidatorio, degradante u ofensivo.
B	Acoso por razón de sexo	2	Cualquier comportamiento realizado en función del sexo de una persona, con el propósito o el efecto de atentar contra su dignidad y de crear un entorno intimidatorio, degradante u ofensivo.
C	Plan de discriminación	1	Plan donde la empresa desarrolla medidas para evitar cualquier discriminación.
D	Protocolo de prevención y actuación ante acoso sexual y acoso por razón de sexo	3	Documento que busca erradicar el acoso e implementar medidas a todos los niveles de la empresa para conseguir la igualdad y evitar la violencia contra las mujeres y otros colectivos.

El acoso sexual tiene un fin sexual, mientras que el acoso por razón de sexo se basa en el sexo de la persona, buscando, entre otros, ridiculizar a la persona. Así, el protocolo de acoso sexual y acoso por razón de sexo se basa en estas discriminaciones y el plan de discriminaciones busca eliminar cualquier tipo de discriminación.

3.2. Igualdad real de las mujeres trans y la garantía de los derechos de las personas LGTBI

La igualdad real de las personas trans y LGTBI viene regulada en la **Ley 4/2023, de 28 de febrero, para la igualdad real y efectiva de las personas trans y para la garantía de los derechos de las personas LGTBI.** Esta ley busca garantizar los derechos de las personas LGTBI, así como de sus familias. Por ejemplo, regula la inscripción de cambio de sexo en el Registro Civil, modifica diversas leyes (Código Civil, Ley de Registro Civil o leyes procesales) e introduce en las empresas de más de 50 empleadas/os el **Plan LGTBI.** Las características principales del plan LGTBI. Asimismo, la publicación del Real Decreto 1026/2024, de 8 de octubre, por el que se desarrolla el conjunto planificado de las medidas para la igualdad y no discriminación de las personas LGTBI en las empresas, muestra las características principales del Plan LGTBI:

- ⮩ Obligatorio para empresas de más de 50 empleadas/os. Se debe contabilizar a todo el personal, con independencia del centro, tipo de contrato y jornada laboral. Incluso el personal con contratos de duración determinada que no estén vigentes pero lo hayan estado durante los 6 meses anteriores, se contabilizan por cada cien días trabajados.
- ⮩ Busca garantizar la igualdad y no discriminación de las personas LGTBI.
- ⮩ Es un conjunto de medidas y recursos para alcanzar la igualdad real y efectiva de las personas LGTBI.
- ⮩ Debe incluirse un protocolo de actuación para la atención del acoso o la violencia contra las personas LGTBI. Este protocolo también aplica a clientes, visitas, proveedores, etc.
- ⮩ El Plan LGTBI debe ser el resultado de la negociación colectiva y debe acordarse con la Representación Legal de las personas trabajadoras (RLPT)
- ⮩ Plazos: 3 meses o 6 meses, dependiendo de si contamos con RLPT
- ⮩ Deben realizarse acciones de sensibilización y formación a la plantilla.
- ⮩ Se debe garantizar que los reconocimientos médicos de las empresas estén libres de discriminación.
- ⮩ Se puede contar con asesoramiento externo de personas especializadas en materia LGTBI en el ámbito laboral.

 **PARA SABER MÁS**

Puedes leer un artículo donde se explica que el Gobierno de España ha acelerado la creación de los planes LGTBI en la empresa accediendo desde aquí:

Continúa en página siguiente >>

<< Viene de página anterior

https://redirectoronline.com/ctri00040203

 ACTIVIDAD COMPLEMENTARIA

2. Busca distintas empresas que hayan llevado a cabo buenas prácticas para garantizar la igualdad real y efectiva de las personas LGTBI e indica las más relevantes.

3.3. Violencias machistas

Los planes de igualdad no solo buscan promover la igualdad de oportunidades y condiciones laborales equitativas, sino que también trabajan para la **prevención y erradicación de las violencias machistas.** Las violencias machistas incluyen todo tipo de violencias contra las mujeres y basadas en el género. En el ámbito laboral se puede manifestar a través del acoso sexual, el acoso por razón de sexo, las discriminaciones y acoso a las personas LGTBI, el abuso de poder o cualquier otro tipo de comportamiento basado en el género.

Así, las empresas tienen la responsabilidad de implementar procedimientos específicos para prevenir, detectar e intervenir frente a situaciones de violencia machista, garantizando un entorno laboral seguro y respetuoso para todas las personas.

Esto incluye la formación y sensibilización de toda la plantilla en materia de igualdad y violencias machistas, la creación de canales confidenciales para la denuncia de estos comportamientos, y el establecimiento de medidas disciplinarias firmes para quienes los cometan. De esta forma, los planes de igualdad se convierten en una herramienta fundamental para promover un entorno laboral libre de violencias y discriminaciones.

 **VÍDEO**

Puedes ver el vídeo del Ministerio de Igualdad donde se hace referencia al número de mujeres víctimas de violencia machista en España, basándose en la última Macroencuesta de Violencia contra la Mujer. Accede desde aquí para verlo:

https://redirectoronline.com/ctri00040204

3.4. Salud laboral con perspectiva de género

Si analizamos la salud laboral con perspectiva de género, vemos que la desigualdad estructural de género tiene efectos negativos en la salud laboral de las mujeres, debido a que existen riesgos laborales asociados a esta desigualdad. Destacan los siguientes:

- **Segregación de género.** Es considerado el elemento clave para explicar la distribución desigual en materia de riesgos laborales. En el caso de las actividades realizadas por mujeres, los riesgos más frecuentes son largas jornadas de pie, posturas de trabajo inadecuadas, trabajos repetitivos y exposición a agentes químicos. En el caso de los hombres, los riesgos están más relacionados con la seguridad y manipulación de objetos con un peso elevado.
- **Riesgos psicosociales.** Ciertas investigaciones recientes muestran cómo las mujeres, en mayor proporción, realizan tareas más monótonas, tienen un salario inferior, menos oportunidades de participar en la planificación de su trabajo y menos expectativas de promoción sexual. Asimismo, sufren en mayor cantidad acoso psicológico y sexual que los hombres.
- **Discriminación en el trabajo.** Este factor de riesgo es más común en mujeres que en hombres. La discriminación por sexo está presente en todas las categorías profesionales.

⊃ **Diseño de los puestos de trabajo.** El diseño de los puestos de trabajo está realizado desde un modelo masculino de trabajador, tanto los espacios, las herramientas y los horarios, sin tener en cuenta, por ejemplo, la doble jornada de las mujeres, que siguen dedicando muchas más horas que los hombres a las tareas domésticas y de cuidado. Además, en muchos casos no se tiene en cuenta, por ejemplo, que la exposición a sustancias tóxicas puede tener resultados distintos en mujeres y en hombres. En resumen, no se aplica un enfoque de género.

 PARA SABER MÁS

El Ministerio de Igualdad ha puesto a disposición de las empresas una herramienta de apoyo para valorar la salud laboral y los riesgos laborales con perspectiva de género, con el objetivo de ir reduciendo las desigualdades estructurales existentes. Puedes consultar más información sobre esta herramienta accediendo desde aquí:

https://redirectoronline.com/ctri00040205

 TAREA 2

Clara es enfermera en un hospital privado desde hace cinco años. Como la mayoría de sus compañeras, durante largas jornadas tiene que estar de pie, a menudo con turnos rotativos que incluyen noches. Sus tareas requieren de un esfuerzo físico considerable, pero el diseño de los equipos y herramientas no están adaptados a una persona de su estatura, por lo que sufre dolor de espalda y lumbares constantes. Además, suele encargarse de tareas repetitivas como la administración de la medicación. Se siente presionada a aceptar turnos

Continúa en página siguiente >>

<< Viene de página anterior

adicionales por la falta de personal, lo que le impide una buena conciliación familiar y laboral. Además, un compañero la ha acosado sexualmente.

Finalmente, siente que tiene menos oportunidades de promocionar profesionalmente y de acceder a los programas de formación, y ha tenido que escuchar comentarios de sus superiores como: "Las mujeres no son aptas para liderar equipos", "Las mujeres no pueden aguantar la presión", "Las mujeres, a la que son madres, dejan de trabajar bien".

Basándonos en esta información y en los distintos tipos de discriminación que sufren las mujeres en materia de salud laboral, ¿cuáles de ellas ha sufrido Clara?

---

4. Resumen

La desigualdad entre mujeres y hombres es estructural y sistémica, por lo que las mujeres y otros colectivos minoritarios sufren distintas opresiones y discriminaciones. Eso hace necesario trabajar desde una perspectiva de género e interseccional.

Las distintas discriminaciones y la desigualdad parten del patriarcado, que considera que los hombres son superiores y las mujeres, subordinadas. Este hecho se transmite a través de la socialización diferencial de género, la división sexual del trabajo y los estereotipos de género. Una de las formas más devastadoras que muestran la desigualdad estructural es la violencia machista hacia las mujeres, por ejemplo, la violencia de género o la violencia sexual.

A continuación, se muestra un resumen de la normativa aplicable a los planes de igualdad, otros documentos relevantes en materia de igualdad y las claves de la aplicación de la salud laboral con perspectiva de género:

⮎ **Normativa aplicable a los planes de igualdad:**

   ◊ Ley Orgánica 3/2007, de 22 de marzo, para la igualdad efectiva de mujeres y hombres.

- Real Decreto-Ley 6/2019, de 1 de marzo, de medidas urgentes para garantía de la igualdad de trato y de oportunidades de mujeres y hombres en el empleo y la ocupación.
- Real Decreto 901/2020, de 13 de octubre, por el que se regulan los planes de igualdad y su registro y depósito de convenios y acuerdos colectivos de trabajo.
- Ley Orgánica 10/2022, de 6 de septiembre, de garantía integral de la libertad sexual.
- Ley 15/2022, de 12 de julio, para la igualdad de trato y no discriminación.

○ **Otros documentos relevantes en materia de igualdad:**

- Protocolo de prevención y actuación ante el acoso sexual y acoso por razón de sexo.
- Plan de discriminación.
- Plan LGTBI.

○ **Salud laboral con perspectiva de género:**

- Si no se aplica la perspectiva de género a la salud laboral y a los riesgos laborales, las mujeres pueden sufrir discriminación a distintos niveles.
- Por un lado, tienen riegos psicosociales específicos, así como necesidades distintas.
- Por otro lado, es importante tener en cuenta que los espacios y herramientas de trabajo suelen estar creadas basándose en lo masculino, sobre todo en los sectores más masculinizados.
- Finalmente, también son víctimas de acoso sexual y acoso por razón de sexo, además de enfrentarse a los prejuicios y estereotipos de género.

Ejercicios de autoevaluación
Unidad de Aprendizaje 2

1. **¿Cuál de los siguientes es un objetivo clave de los planes de igual-dad en el ámbito laboral en España?**

    a. Aumentar la rentabilidad de la empresa.
    b. Garantizar la igualdad de trato y oportunidades entre mujeres y hombres.
    c. Reducir la jornada laboral de todos los empleados.
    d. Incrementar la contratación de personas extranjeras.

2. **Determina si la siguiente oración es verdadera o falsa: "El Convenio de Estambul y el Convenio de Lanzarote son normativas europeas aplicables en España que abordan la igualdad de género en el ám-bito laboral".**

    ■ Verdadero
    ■ Falso

3. **¿Qué normativa internacional es relevante para la igualdad de gé-nero y la erradicación de las violencias machistas en Europa?**

    a. Convenio de Estambul
    b. Tratado de Versalles
    c. Declaración Universal de Derechos Humanos
    d. Convención sobre los Derechos del Niño

4. **La Ley 4/2023 de 28 de febrero regula principalmente:**

    a. La igualdad salarial entre hombres y mujeres.
    b. Los derechos de las personas trans y LGTBI.
    c. La igualdad en la educación.
    d. El acceso de las mujeres al mercado laboral.

5. **¿Cuál de los siguientes es un requisito para todas las empresas, in-dependientemente de su tamaño, desde 2023?**

    a. Implementar un plan de igualdad.
    b. Reducir la brecha salarial.

    c. Crear un plan de discriminación.
    d. Aumentar la representación femenina en la dirección.

6. **El protocolo de prevención y actuación ante el acoso sexual y acoso por razón de sexo es:**

    a. Opcional para empresas con menos de 50 empleados.
    b. Obligatorio para todas las empresas.
    c. Solo aplicable a empresas públicas.
    d. Exclusivo para grandes corporaciones.

7. **Determina si la siguiente oración es verdadera o falsa: "La Ley 4/2023 garantiza la igualdad real y efectiva de las personas trans y LGTBI, incluyendo la implementación de un plan LGTBI en empresas con más de 50 empleados".**

    ■ Verdadero
    ■ Falso

8. **¿Qué tipo de violencia se menciona como una manifestación de la desigualdad de género en el ámbito laboral?**

    a. Violencia económica
    b. Violencia psicológica
    c. Violencia machista
    d. Violencia política

9. **Determina si la siguiente oración es verdadera o falsa: "La normativa sobre planes de igualdad incluye medidas para erradicar la violencia machista en el ámbito laboral".**

    ■ Verdadero
    ■ Falso

10. **¿Qué aspecto de la salud laboral se debe considerar con una perspectiva de género, según el documento?**

    a. Solo el diseño de las oficinas.
    b. Riesgos psicosociales y desigualdad estructural.

c. Exclusivamente la higiene personal.
d. Solo la ergonomía del puesto de trabajo.

El plan de igualdad

Contenido

Objetivos

El objetivo general de esta Unidad de Aprendizaje es:

→ Clasificar el contenido y las fases del plan de igualdad.

Los objetivos específicos de esta Unidad de Aprendizaje son:

→ Conocer el contenido y estructura del plan de igualdad.

→ Identificar las áreas claves de actuación del plan de igualdad.

→ Crear medidas para la consecución de los objetivos del plan de igualdad.

1. Introducción

Conseguir la igualdad de oportunidades entre mujeres y hombres es una **prioridad** de las sociedades actuales y, por tanto, también de las empresas. Conseguir que haya una paridad y equidad en todos los ámbitos profesionales y laborales es un gran reto. Por ello, desde los Estados se llevan a cabo acciones de sensibilización y actuación, entre ellas la obligatoriedad para algunas empresas de la creación de los **planes de igualdad.**

El objetivo es que mujeres y hombres puedan acceder a las mismas oportunidades y erradicar las distintas discriminaciones, siempre desde una **perspectiva de género e interseccional.**

Por ello, a lo largo de esta unidad se va a conocer en profundidad cada fase para la elaboración e implementación de los planes de igualdad.

Para ello nos seguiremos basando en el caso de la empresa Nexo Inclusivo S. L., que, al tener en la actualidad 51 personas en plantilla, debe crear de forma obligatoria su plan de igualdad y se encuentra en el proceso de elaboración e implementación de este.

2. Distinción del marco conceptual de la igualdad en el ámbito organizativo

👉 **HILO CONDUCTOR**

En la empresa Nexo Inclusivo S. L. están elaborando su primer plan de igualdad, porque han pasado la barrera de las 50 personas en plantilla. En este momento se encuentran revisando las distintas fases que debe tener en plan de igualdad y diversas personas de la plantilla están realizando formaciones en materia de igualdad, porque es muy importante que las personas que se encuentran en la mesa negociadora lo hagan para poder realizar un buen trabajo.

La igualdad de género en el ámbito organizativo es una prioridad para las empresas y Estados, pero también un pilar fundamental para el empoderamiento de las mujeres. Garantizar que mujeres y hombres tengan las mismas oportunidades y derechos es una obligación legal, pero también una estrategia para mejorar la productividad y cohesión interna, así como promover la diversidad.

La igualdad en las organizaciones implica entender y aplicar una serie de principios para detectar, prevenir y erradicar las situaciones de discriminación y opresión. Al analizar de forma estructural las relaciones laborales, se pueden identificar las brechas de género a todos los niveles, y desarrollar estrategias y medidas que busquen eliminarlas y favorezcan ambientes más justos e inclusivos.

La búsqueda de la igualdad en los ambientes laborales tiene distintos beneficios, que son:

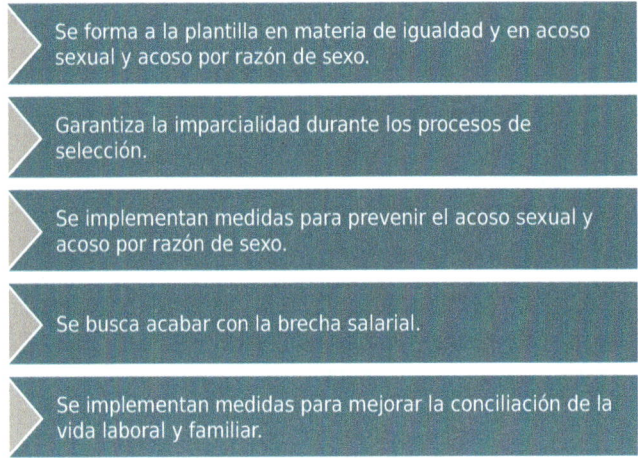

Se forma a la plantilla en materia de igualdad y en acoso sexual y acoso por razón de sexo.

Garantiza la imparcialidad durante los procesos de selección.

Se implementan medidas para prevenir el acoso sexual y acoso por razón de sexo.

Se busca acabar con la brecha salarial.

Se implementan medidas para mejorar la conciliación de la vida laboral y familiar.

2.1. Definiciones

En el ámbito organizativo, es crucial entender los conceptos claves relacionados con la igualdad entre mujeres y hombres, para así poder combatir las situaciones de desigualdad y opresión.

A continuación, se muestran las principales definiciones en relación con la igualdad y los planes de igualdad:

⊃ **Igualdad en el ámbito organizativo.** Hace referencia a la igualdad de oportunidades entre mujeres y hombres dentro de una empresa, eliminando cualquier tipo de discriminación. Implica garantizar equidad en el acceso a recursos, beneficios, derechos y oportunidades.

- **Discriminación directa e indirecta.** La discriminación directa indica que una persona es tratada de forma menos favorable que otra en una situación comparable, por razón de sexo. La discriminación indirecta hace referencia a una situación que se presupone neutra, pero que sitúa a las personas de un determinado sexo en desventaja respecto a las del otro sexo.
- **Segregación vertical y horizontal.** La segregación vertical se produce cuando las personas de determinado sexo o raza no pueden acceder a los puestos más altos de las empresas. La segregación horizontal se produce cuando las mujeres están sobrerrepresentadas en actividades vinculadas a las tareas habitualmente femeninas.
- **Enfoque de género interseccional.** El enfoque de género interseccional analiza cómo diferentes factores como género, raza, clase, orientación sexual o discapacidad interactúan, creando formas complejas de discriminación y desigualdad. Este enfoque reconoce que las mujeres no experimentan las mismas barreras, ya que estas varían según sus contextos sociales y personales.
- **Acción positiva.** Son medidas temporales diseñadas para corregir situaciones de desigualdad estructural entre mujeres y hombres. En el marco de los planes de igualdad, estas acciones buscan promover la participación y el acceso de las mujeres a áreas donde están infrarrepresentadas, sin que esto signifique una discriminación hacia los hombres.
- **Violencia de género.** En el artículo 1.1 de la Ley Orgánica 1/2004, de 28 de diciembre, de Medidas de Protección Integral contra la Violencia de Género, se define esta así: *La discriminación, la situación de desigualdad y las relaciones de poder de los hombres sobre las mujeres, se ejerce sobre estas por parte de quienes sean o hayan sido sus cónyuges o de quienes estén o hayan estado ligados a ellas por relaciones similares de afectividad, aun sin convivencia.*
- **Acoso sexual y acoso por razón de sexo.** El acoso sexual es cualquier comportamiento, verbal o físico, de naturaleza sexual que tenga el propósito o produzca el efecto de atentar contra la dignidad de una persona, en particular cuando se crea un entorno intimidatorio, degradante u ofensivo. El acoso por razón de sexo es cualquier comportamiento realizado en función del sexo de una persona, con el propósito o el efecto de atentar contra su dignidad y de crear un entorno intimidatorio, degradante u ofensivo.
- **Brecha de género.** Es la diferencia que existe entre mujeres y hombres en distintos ámbitos, como el acceso a oportunidades, salarios, responsabilidades o condiciones laborales. Se debe a factores estructurales y culturales que perpetúan la desigualdad.

⊃ **Conciliación.** Es el conjunto de medidas que permiten compatibilizar la vida personal, familiar y laboral. Facilitan que tanto mujeres como hombres puedan cumplir con sus responsabilidades en el trabajo y en el hogar sin sufrir discriminación ni pérdida de oportunidades.

 PARA SABER MÁS

Puedes consultar un documento creado por el Ministerio de Igualdad donde se pueden ver 100 palabras y conceptos relacionados con la igualdad accediendo desde aquí:

https://redirectoronline.com/ctri00040301

 APLICACIÓN PRÁCTICA

Paula, trabajadora de Nexo Inclusivo S. L., está creando un glosario para incluirlo a toda la documentación de sensibilización y no tiene claro a qué concepto corresponde esta definición: *Las mujeres están sobrerrepresentadas en actividades vinculadas a las tareas habitualmente femeninas.* **Ayúdala indicando el término correcto.**

Solución

Se refiere al concepto de segregación vertical. Pues la brecha de género es la diferencia que existe entre mujeres y hombres en distintos ámbitos, como el acceso a oportunidades, salarios, responsabilidades o condiciones laborales. Se debe a factores estructurales y culturales que perpetúan la desigualdad. La segregación vertical se refiere a cuando las mujeres no pueden acceder a determinados puestos de poder y la violencia de género es un tipo de violencia contra las mujeres.

2.2. Estructura y aplicación práctica

El diseño e implementación de un plan de igualdad en una empresa requiere de una estructura sólida para facilitar la ejecución y la consecución de los objetivos propuestos. Los elementos clave que componen la estructura y su aplicación práctica son los siguientes:

- **Mesa negociadora.** Una de las partes fundamentales del plan de igualdad es la creación de la mesa negociadora, que será la responsable de supervisar el proceso y garantizar las medidas que deben implementarse. De la misma manera, se encarga del seguimiento y evaluación del plan.
- **Diagnóstico inicial.** Se realiza un diagnóstico de la situación inicial de la empresa en materia de igualdad. En este diagnóstico se identifican las áreas donde existen desigualdades y/o discriminaciones. Con los resultados del diagnóstico se diseñan las medidas personalizadas para la empresa.
- **Diseño y plan de acción.** Una vez conocidos los resultados del diagnóstico inicial, se deben desarrollar las medidas específicas orientadas a solucionar las desigualdades detectadas. El plan debe tener objetivos claros y medibles, un cronograma para su implementación y se deben definir los recursos necesarios.
- **Implementación.** El plan diseñado se debe implementar progresivamente, siguiendo el calendario establecido.
- **Evaluación y seguimiento.** Es imprescindible contar con un buen sistema de seguimiento y evaluación, con unos indicadores medibles que ayuden a detectar la evolución y también las áreas de mejora.
- **Registro y comunicación del plan.** El plan de igualdad se debe registrar en el Registro de Planes de Igualdad del Ministerio de Trabajo. Por otro lado, se debe comunicar a la plantilla la elaboración y contenido del plan.
- **Formación y sensibilización de la plantilla.** Es muy importante formar y capacitar a la plantilla en materia de igualdad. Además, las acciones deben ir hacia los distintos niveles de la empresa: plantilla general y personas directivas.

3. Análisis de la mesa negociadora

☞ HILO CONDUCTOR

En la empresa Nexo Inclusivo, S. L. acaban de constituir su mesa negociadora, después de varias semanas de reuniones. Han firmado el acta de constitución, donde constan las distintas personas que forman la mesa. Al final, son 8 personas, 4 mujeres y 4 hombres (cumpliendo con el criterio de paridad) y todas tienen formación y/o experiencia en el ámbito de la igualdad en las empresas. Así mismo, han decidido que contarán con dos personas externas que les den apoyo y asesoramiento, que tendrán voz pero no voto.

En este momento, se encuentran acabando de redactar el reglamento interno de la mesa negociadora, para poder empezar con el proceso de diagnóstico.

La negociación del plan de igualdad, y su diagnóstico previo, es preceptiva para las empresas obligadas a elaborar y aplicar un plan de igualdad. Esto es debido a la entrada en vigor del Real Decreto-ley 6/2019, de 1 de marzo, de medidas urgentes para la garantía de la igualdad de trato y de oportunidades entre mujeres y hombres en el empleo y la ocupación. Así, en la primera fase de elaboración del plan de igualdad, es de vital importancia la constitución de la comisión negociadora.

No obstante, antes de constituir la comisión o mesa negociadora, la empresa o la representación legal de las personas trabajadoras deberá comunicar a la otra parte la iniciativa de negociación. Esta comunicación deberá ser escrita y hacer constar lo siguiente:

- Ámbito del plan (estatal, autonómico, provincial) y si existen diversos centros de trabajo.
- Se tiene legitimación conforme al artículo 5 del Real Decreto 901/2020, de 13 de octubre, por el que se regulan los planes de igualdad y su registro, y se modifica el R. D. 713/2010, de 28 de mayo, sobre registro y depósito de convenios y acuerdos colectivos de trabajo.
- Materias objeto de negociación, basándose en el artículo 46.2 de la Ley Orgánica 3/20007, de 22 de marzo, para la igualdad efectiva de mujeres y hombres.
- Otras materias: lenguaje y comunicación no sexista, violencia de género, salud laboral desde la perspectiva de género, etc.

3.1. Constitución

Es obligatorio negociar el diagnóstico y el plan de igualdad, a través de la apertura de la negociación y constitución de la comisión negociadora las empresas que tengan cincuenta o más personas trabajadoras; las obligadas por su convenio colectivo y/o las empresas que tengan un procedimiento sancionador por la autoridad laboral y la sanción incluya la elaboración del plan de igualdad.

Para el resto de las empresas, la elaboración e implementación del plan de igualdad **serán voluntarias,** con previa negociación de la representación legal de las personas trabajadoras.

Así, en los casos en que es obligatorio crear una mesa negociadora, los **plazos** son los siguientes:

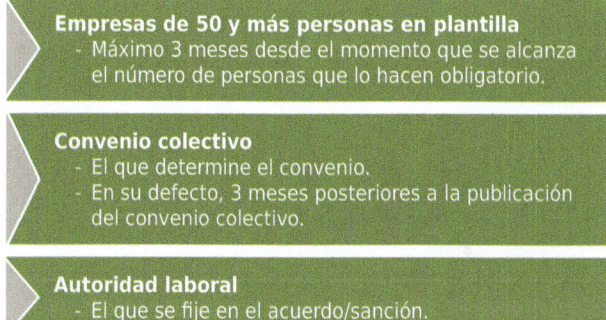

Empresas de 50 y más personas en plantilla
- Máximo 3 meses desde el momento que se alcanza el número de personas que lo hacen obligatorio.

Convenio colectivo
- El que determine el convenio.
- En su defecto, 3 meses posteriores a la publicación del convenio colectivo.

Autoridad laboral
- El que se fije en el acuerdo/sanción.

 **VÍDEO**

Puedes ver un vídeo donde se resume qué es una comisión negociadora y cómo debe constituirse accediendo desde aquí:

https://redirectoronline.com/ctri00040302

La **composición** de la mesa negociadora debe seguir las siguientes recomendaciones:

- **Participación paritaria.** Debe promoverse una participación paritaria de la representación de la empresa y las personas trabajadoras, buscando una composición equilibrada entre mujeres y hombres. Además, es importante que las personas que integran la mesa tengan formación y/o experiencia en materia de igualdad.
- **Personas con voz y voto.** Dependerá del tamaño de la empresa, pero como máximo podrán ser trece personas.
- **Presidencia.** Las partes negociadoras deben designar a una persona para la presidencia.
- **Apoyo y asesoramiento externo.** La mesa negociadora puede contar con apoyo y asesoramiento eterno especializado en materia de igualdad. Estas personas tendrán voz pero no voto.
- **Acta de constitución.** Una vez formada la mesa negociadora se debe levantar acta de constitución, donde se incluirá el reglamento de funcionamiento interno y en la que debe constar:

  - La composición de la comisión.
  - El régimen de funcionamiento interno, incluyendo el calendario de reuniones, el procedimiento de sustitución y el compromiso de confidencialidad.
  - Las funciones de la mesa negociadora.

 PARA SABER MÁS

Puedes visualizar un acta de ejemplo de constitución de una mesa negociadora accediendo desde aquí:

https://redirectoronline.com/ctri00040304

3.2. Funcionamiento

En el momento de levantar el acta de constitución de la mesa negociadora, se debe incluir el funcionamiento interno de esta. Este reglamento debe incluir como mínimo lo siguiente:

- **Composición.** Se debe hacer referencia a la composición de la mesa negociadora, cuantificando las personas e indicando cuáles tienen experiencia y/o formación en materia de igualdad.
- **Reuniones y actas.** Establecer cuándo se reunirá la mesa, por ejemplo, de forma periódica, las veces necesarias o tres veces al año, etc. Las horas destinadas al trabajo de la mesa serán a cargo de la empresa, así como las horas de preparación.
  Después de cada reunión, se levantará acta, donde se incluirán los temas tratados y los acuerdos. También debe incluir la fecha de la próxima reunión.
- **Toma de acuerdos.** Las decisiones de la mesa se tomarán por consenso. Si no hubiera consenso, se debería votar adoptando el acuerdo de la mayoría absoluta.
- **Confidencialidad.** Es importante incluir que las personas que formen la mesa, y también las asesoras externas, han de comprometerse a no revelar el contenido de las reuniones.
- **Recursos.** Es especialmente relevante incluir cómo la empresa facilitará los recursos personales, materiales y económicos necesarios para la mesa. Además, podrá contar con apoyo y asesoramiento externo especializado. La empresa se hará cargo de los gastos de las reuniones y tendrá una bolsa de horas destinada al funcionamiento del plan de igualdad.
  Así mismo, la mesa negociadora debe formarse en materia de igualdad, a cargo de la empresa.
- **Funciones.** En el reglamento de funcionamiento interno deben describirse todas las funciones y competencias de la mesa negociadora.

 PARA SABER MÁS

Puedes ver un ejemplo de reglamento de funcionamiento de una mesa negociadora accediendo desde aquí:

Continúa en página siguiente >>

<< Viene de página anterior

https://redirectoronline.com/ctri00040305

3.3. Funciones

Las funciones de una mesa negociadora son relevantes en todas las fases del plan de igualdad, no solo en la fase de negociación. En cada fase tiene unas funciones distintas:

- **Al inicio de las negociaciones.** Debe impulsar las primeras acciones de información y sensibilización a la plantilla, es decir, deben realizar las charlas, cursos formativos, acciones de promoción, etc.
- **Durante la fase de diagnóstico.** Los representantes de la empresa deben facilitar la información necesaria para realizar el diagnóstico. Una vez recabados los datos, los miembros de la mesa deben examinar los resultados y someterlos a debate y validación. Asimismo, se debe negociar y elaborar el diagnóstico de situación y redactar el informe con los resultados del diagnóstico.
- **Durante la negociación del plan.** La mesa negociadora debe identificar las áreas de mejora y proponer medidas correctoras. También, informar a la plantilla de los pasos que se están siguiendo para la elaboración del plan. Finalmente, ha de aprobar el plan de igualdad y proceder a su registro.
- **Después de la aprobación y registro del plan.** Una vez aprobado y registrado el plan de igualdad, la mesa negociadora deberá:

  - Impulsar la implantación de las medidas y acciones recogidas en el plan de igualdad.
  - Recoger y evaluar las distintas sugerencias sobre el plan.
  - Velar por el cumplimiento del plan y del principio de igualdad y no discriminación.
  - Implantar las propuestas de sensibilización a la plantilla.

- ⋃ Implantar de forma real y efectiva las medidas acordadas.
- ⋃ Definir los indicadores de medición y los instrumentos de recogida para realizar el seguimiento y evaluación.
- ⋃ Realizar el seguimiento y evaluación del plan de igualdad.

 VÍDEO

Puedes ver el vídeo, creado por el Instituto de las Mujeres, donde se hace referencia a la fase I de elaboración del plan de igualdad. Incluye toda la información necesaria de la mesa o comisión negociadora. Para ello accede desde aquí:

https://redirectoronline.com/ctri00040306

3.4. Competencias

En el **artículo 6** del **Real Decreto 901/2020 de 13 de octubre,** por el que se regulan los planes de igualdad y su registro, y se modifica el Real Decreto 713/2010, de 28 de mayo, sobre registro y depósito de convenios y acuerdos colectivos de trabajo, se especifican las **competencias** de la comisión/mesa negociadora:

- ➲ Negociación y elaboración del diagnóstico y negociación de las medidas del plan de igualdad.
- ➲ Elaboración del informe de los resultados del diagnóstico.
- ➲ Identificación de las medidas prioritarias, su ámbito de aplicación, los recursos necesarios, así como las personas responsables y el cronograma de actuaciones.
- ➲ Impulso de la implantación del plan de igualdad.
- ➲ Definición de los indicadores de medición y los instrumentos de recogida de la información para realizar el seguimiento y evaluación del plan.

⮩ Otras funciones que se le pueda atribuir a través de la normativa y convenio colectivo de aplicación.

⮩ Impulsar las primeras acciones de sensibilización e información a la plantilla.

4. Descripción de las fases en la elaboración del plan de igualdad

 HILO CONDUCTOR

Una vez constituida la mesa negociadora, desde Nexo Inclusivo, S. L. están empezando a gestionar la elaboración del diagnóstico de la situación de la empresa. Para ello, van a contar con dos personas externas para que las asesoren. En este primer momento, están creando documentos y fichas para la recopilación de toda la información necesaria. También están realizando la auditoría y el registro retributivo.

Una vez finalizada la recopilación, quieren analizar todo desde una perspectiva de género e interseccional, para así poder determinar cuáles son las prioridades y áreas de actuación más relevantes.

Los planes de igualdad son un conjunto de acciones y medidas, adoptadas después de realizar un diagnóstico de la situación de igualdad en la empresa. Buscan alcanzar una igualdad efectiva entre mujeres y hombres, y por tanto, eliminar la discriminación por razón de sexo. Los planes de igualdad afectan a toda la plantilla y deben ser creados a la medida de cada empresa, es decir, han de ser únicos y específicos.

Las **fases** para la elaboración de un plan de igualdad son las siguientes:

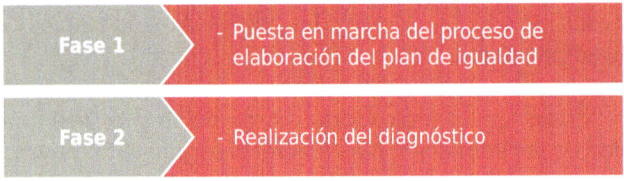

Continúa en página siguiente >>

<< Viene de página anterior

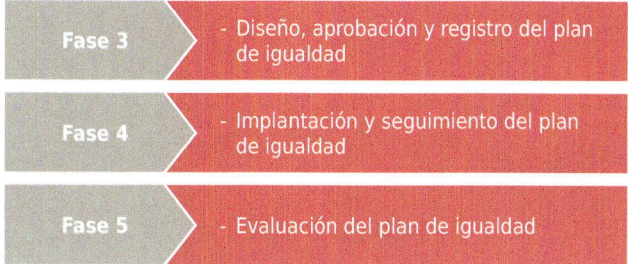

4.1. Iniciativa

El primer paso para elaborar el plan de igualdad es el compromiso por parte de la dirección de la empresa y la representación sindical, el cual indicará que van a iniciar la negociación para la elaboración de un plan de igualdad y que buscan la consecución de la igualdad real y efectiva entre mujeres y hombres en la empresa.

Se debe plasmar en un acta la decisión de negociar y elaborar el plan de igualdad y comunicarlo tanto a la plantilla como a la representación legal de las personas trabajadoras.

👁 EJEMPLO

En el siguiente documento puede verse un modelo de compromiso de la empresa:

Continúa en página siguiente >>

<< Viene de página anterior

MODELO DE COMPROMISO DE LA DIRECCIÓN

La dirección

Declara su compromiso en el establecimiento y desarrollo de políticas que integren la igualdad de trato y oportunidades entre mujeres y hombres, sin discriminar directa o indirectamente por razón de sexo, así como en el impulso y fomento de medidas para conseguir la igualdad real en el seno de nuestra organización, estableciendo la igualdad de oportunidades entre mujeres y hombres como un principio estratégico de nuestra Política Corporativa y de Recursos Humanos, de acuerdo con la definición de dicho principio que establece la Ley Orgánica 3/2007, de 22 de marzo, para la igualdad efectiva entre mujeres y hombres.

En todos y cada uno de los ámbitos en que se desarrolla la actividad de esta empresa, desde la selección a la promoción, pasando por la política salarial, la formación, las condiciones de trabajo y empleo, la salud laboral, la ordenación del tiempo de trabajo y la corresponsabilidad, la infrarrepresentación femenina, asumimos el principio de igualdad de oportunidades entre mujeres y hombres, atendiendo de forma especial a la discriminación indirecta, entendiendo por ésta *"La situación en que una disposición, criterio o práctica aparentemente neutros, pone a una persona de un sexo en desventaja particular respecto de personas del otro sexo"*.

Respecto a la comunicación, tanto interna como externa, se informará de todas las decisiones que se adopten a este respecto y se proyectará una imagen de la empresa acorde con este principio de igualdad de oportunidades entre mujeres y hombres.

Los principios enunciados se llevarán a la práctica a través del fomento de medidas de igualdad o a través de la implantación de un Plan de igualdad que supongan mejoras respecto a la situación presente, arbitrándose los correspondientes sistemas de seguimiento y evaluación, con la finalidad de avanzar en la consecución de la igualdad real entre mujeres y hombres en la empresa y por extensión, en el conjunto de la sociedad.

Para llevar a cabo este propósito se contará con la representación legal de trabajadores y trabajadoras, no sólo en el proceso de negociación colectiva, tal y como establece la Ley Orgánica 3/2007 para la igualdad efectiva entre mujeres y hombres, sino en todo el proceso de desarrollo y evaluación de las mencionadas medidas de igualdad o Plan de igualdad.

Firmado por la dirección a máximo nivel (nombre y cargo)

Lugar y fecha

Modelo de compromiso CC. OO.

4.2. Diagnóstico

En esta fase se debe realizar un análisis de la situación de la empresa. En este momento deben detectarse las áreas de actuación, es decir, las áreas que presentan una desigualdad y/o discriminación.

El diagnóstico debe seguir los siguientes criterios:

➲ **Instrumentalidad:**

    ❂ Se deben identificar los ámbitos específicos de actuación.
    ❂ Está orientado a la toma de decisiones.

➲ **Flexibilidad:**

    ❂ Todo el plan de igualdad debe responder a las necesidades específicas de la empresa.

➲ **Dinamismo:**

    ❂ Se debe adaptar a las necesidades y características de la empresa.

➲ **Perspectiva de género:**

    ❂ Se debe trabajar desde un enfoque de género tanto en la recogida de información como en el análisis de resultados.

➲ **Auditoría retributiva:**

    ❂ Según el Real Decreto 902/2020, de 13 de octubre, de igualdad retributiva entre mujeres y hombres, antes de realizar el diagnóstico debe realizarse una auditoría retributiva.
    ❂ Tanto la auditoría retributiva como el registro retributivo son parte del contenido del diagnóstico.

 **PARA SABER MÁS**

El Ministerio de Igualdad publicó una herramienta para realizar correctamente el registro retributivo desde una perspectiva de género. Accede a ella desde aquí:

Continúa en página siguiente >>

<< Viene de página anterior

https://redirectoronline.com/ctri00040307

La finalidad del diagnóstico es conocer la situación inicial de la empresa en relación con la igualdad entre mujeres y hombres, por lo que los objetivos que persigue son:

> Identificar en qué medida existe la igualdad efectiva entre mujeres y hombres en la empresa.

> Conocer y visibilizar la situación de partida de la plantilla y detectar una posible segregación vertical y/u horizontal.

> Detectar si existen desigualdades en la gestión de recursos humanos.

> Analizar los efectos para mujeres y hombres que tiene la organización del trabajo, las condiciones, las actividades concretas.

> Formular recomendaciones y propuestas para corregir las discriminaciones y/o desigualdades.

El diagnóstico se basa en la recopilación y análisis de la información de la empresa, a través de indicadores cualitativos y cuantitativos. Para la recogida de información debe existir una sistematización, pues es importante tener toda la información para conseguir un diagnóstico completo y exhaustivo. Los pasos que deben seguirse para realizar el diagnóstico son:

- **Planificación.** Se designará a una persona o a varias responsables. Esta o estas deberá/n proporcionar la documentación y guiará/n el proceso de recogida de información. Se crearán herramientas de recogida de datos, como cuestionarios, por ejemplo, y se informará a la plantilla del comienzo de la fase de diagnóstico.

- **Recopilación.** La recopilación de la información será exhaustiva, se extenderá a todos los puestos y centros de trabajo. Asimismo, el análisis se extenderá también a todos los niveles jerárquicos de la empresa. El resumen de este análisis será parte del plan de igualdad. Toda la información y datos estará desagregada por sexo. Debe recogerse, como mínimo, información referida a:

  - Proceso de selección y contratación
  - Clasificación profesional
  - Formación
  - Condiciones de trabajo
  - Conciliación de la vida personal, profesional y familiar
  - Infrarrepresentación femenina
  - Sistema retributivo
  - Prevención del acoso sexual y acoso por razón de sexo

- **Análisis.** Se deben señalar las propuestas de mejora, las prioridades y los puntos fuertes. Deben proponerse medida para las áreas donde se detecten desigualdades y/o discriminaciones.
- **Informe.** Se debe elaborar un informe que incluya un resumen del análisis realizado y las principales conclusiones y propuestas. Además, este informe será parte del plan de igualdad.
- **Comunicación.** Una vez finalizado el diagnóstico se debe informar a la plantilla de los resultados.

 PARA SABER MÁS

El Ministerio de Igualdad publicó una píldora formativa para ayudar en la realización del diagnóstico, accede desde aquí para verla:

https://redirectoronline.com/ctri00040308

Con el objetivo de conseguir un diagnóstico lo más completo, posible las materias y elementos que deben tenerse en cuenta son:

- **Condiciones generales.** Es muy importante que todos los datos e indicadores que se tengan en cuenta en el diagnóstico estén desagregados por sexo. Además, deberá incluirse un apartado donde conste la metodología utilizada, los datos analizados, la fecha de inicio y fin de la recogida de información, las personas que han intervenido en esta fase, y la fecha de inicio y fin de la elaboración del diagnóstico.
- **Información de la empresa.** El primer paso es conseguir información relativa a la empresa, como mínimo:

    - Datos de la empresa: razón social, NIF, domicilio social, forma jurídica y año de constitución.
    - Responsable de la empresa: nombre y apellidos, cargo, teléfono y correo electrónico.
    - Responsable de igualdad: nombre y apellidos, cargo, teléfono y correo electrónico.
    - Actividad de la empresa: sector actividad, CNAE, descripción de la actividad y ámbito de actuación y dispersión geográfica.
    - Dimensión: número de personas trabajadoras desagregado por sexo, centros de trabajo y facturación anual.
    - Organización de la gestión de personal: indicar si cuenta con Departamento de Recursos Humanos, si ha obtenido certificados de igualdad y el total de personas que forman parte de la representación legal y/o sindical de las personas trabajadoras, desagregados por sexo.

- **Análisis cuantitativo.** Se debe recopilar y analizar información acerca de la distribución de la plantilla por sexo, edad, tipo de relación laboral, vinculación, antigüedad, nivel de formación, grupo profesional, tipo de jornada y contratación, nivel jerárquico, puestos de trabajo y nivel de responsabilidad, y la evolución en la promoción. También se debe analizar la distribución por sexo de la representación legal de las personas trabajadoras en relación con el total de la plantilla.
- **Gestión del personal.** Se deben analizar desde un enfoque de género los siguientes procesos:

    - Procesos de selección y contratación: se deben analizar los formularios o solicitudes de ingreso a la empresa, las distintas publicaciones y anuncios con ofertas de empleo, el guion de la entrevista, cómo son las pruebas selectivas, el perfil de las personas que intervienen en el proceso y toda la documentación relacionada con la selección y contratación.

- Proceso de formación: se debe realizar un cuestionario de detección de necesidades formativas y analizar el plan de formación del último año, los cursos impartidos, etc.
- Proceso de promoción profesional: por un lado, deberá tener en cuenta la auditoría retributiva en lo relativo a la valoración de los puestos de trabajo; por otro lado, se analizarán los planes de carrera, la gestión y retención del talento, y toda la documentación relativa a la promoción profesional.

- **Condiciones de trabajo.** Se debe recopilar información para medir las condiciones de trabajo de todo el personal, teniendo en cuenta la movilidad geográfica y funcional, la estabilidad laboral y el tiempo de trabajo. Se deben utilizar indicadores cuantitativos y cualitativos. Concretamente, se deben valorar los datos que se refieren a:

  - Jornada de trabajo.
  - Régimen de trabajo a turnos.
  - Horario y distribución del tiempo de trabajo.
  - Sistema de trabajo y rendimiento.
  - Sistema de remuneración y cuantía salarial.
  - Medidas de prevención de riesgos laborales.
  - Sistema de clasificación profesional y promoción.
  - Tipos de suspensiones y extinciones del contrato de trabajo.
  - Permisos y excedencias en el último año.
  - Ausencias no justificadas.
  - Implementación, aplicación y procedimientos resueltos en relación con el protocolo de actuación ante el acoso sexual y/o acoso por razón de sexo.
  - Régimen de movilidad geográfica y funcional.
  - Identificación del número y condiciones de trabajo de las personas de la plantilla cedidas por otra empresa, si las hubiera.
  - Modificaciones sustanciales de las condiciones de trabajo de los últimos tres años.
  - Inaplicaciones de convenio realizadas conforme a lo previsto en el Estatuto de los Trabajadores (artículo 82.3).
  - Implantación y revisión de sistemas de organización y control del trabajo, valoración de los puestos de trabajo, estudios de tiempos y su impacto desde el enfoque de género.
  - Intimidad en relación con la desconexión y el entorno digital.

- **Política retributiva.** En este apartado se debe realizar la auditoría retributiva y analizar las distribuciones y clasificación profesional.
- **Infrarrepresentación femenina.** En este punto se deberá analizar la participación de las mujeres y hombres en los distintos niveles jerárquicos,

grupos y subgrupos profesionales, y su evolución en los últimos cuatro años. También se deberá analizar la presencia de mujeres y hombres en la representación legal de las personas trabajadoras. Finalmente, la correspondencia entre los grupos y subgrupos profesionales, y su nivel de experiencia y nivel formativo. Se deben tener en cuenta también estos datos:

- ◔ Lenguaje y contenido de las ofertas de empleo (por ejemplo, en la siguiente guía se dan pautas e indicaciones para realizar todo el proceso de selección y contratación desde una perspectiva de género: Protocolo de reclutamiento y selección con perspectiva de género.
- ◔ Criterios, métodos y procesos utilizados para la descripción de perfiles profesionales y puestos de trabajo.
- ◔ Canales y criterios de información y/o comunicación utilizados en los procesos de selección, contratación y promoción profesional.
- ◔ Perfil de las personas que intervienen en los procesos de selección, gestión y retención del talento.

Puedes consultar el protocolo de reclutamiento y selección con perspectiva mencionado anteriormente accediendo desde aquí:

https://redirectoronline.com/ctri00040317

- ⊃ **Corresponsabilidad.** En este apartado del diagnóstico se deben analizar los aspectos relacionados con la conciliación y corresponsabilidad, por lo que se debe analizar:

- ◔ Las medidas que la empresa ha implementado para facilitar la conciliación personal, familiar y laboral.
- ◔ Las medidas que la empresa ha implementado para promover el ejercicio corresponsable de derechos.
- ◔ Los permisos y las excedencias del último año, y los motivos, desagregados por sexo, edad, nivel jerárquico, grupo profesional, puesto de trabajo, nivel de formación y responsabilidades familiares.
- ◔ Los canales de información y comunicación utilizados para informar a la plantilla sobre sus derechos de conciliación.

- **Prevención del acoso sexual y acoso por razón de sexo.** Se comprobará si la empresa tiene mecanismos de prevención, detección y actuación frente al acoso sexual y acoso por razón de sexo, y si la plantilla los conoce. Es obligatorio para todas las empresas, independientemente del número de personas trabajadoras, tener un protocolo de actuación frente al acoso sexual y acoso por razón de sexo, por lo que se deberá comprobar que así sea y qué incluye. Además, se analizará si ha habido casos de acoso en la empresa y cómo se han resuelto.
- **Otros:**

  - **Violencia de género:** se recopilará y analizará la información sobre las medidas que tiene la empresa en relación con la violencia de género. Por ejemplo, si hay acciones de sensibilización en materia de violencia de género, si existen procedimientos específicos de detección o si la empresa lleva a cabo acciones para informar a las trabajadoras víctimas de violencia de género de sus derechos.
  - **Comunicación no sexista:** por un lado, se analizará toda la documentación de la empresa, para comprobar si utiliza un lenguaje no sexista. Por otro lado, los canales de comunicación de la empresa. También, se revisarán las imágenes de la empresa (web, fotografías, infografías, etc.) para ver si hay un equilibro entre la representación de mujeres y hombres.

PARA SABER MÁS

Para facilitar la realización del análisis cuantitativo, el Instituto de las Mujeres ha creado una herramienta en formato *Excel* que permite conocer cómo y dónde se encuentran las mujeres y hombres en la empresa. Accede desde aquí para obtener más información sobre ella:

https://redirectoronline.com/ctri00040309

4.3. Diseño y plan de acción

El diseño del plan de igualdad incluye elaborar las acciones y medidas para conseguir la igualdad, a través de los resultados obtenidos en el diagnóstico.

Con la finalidad de conseguir la igualdad de oportunidades y el trato entre mujeres y hombres en la empresa, y eliminar cualquier discriminación por sexo, se definirán los objetivos específicos necesarios, siempre teniendo en cuenta que son necesarios objetivos cuantitativos y cualitativos.

Entonces, según los resultados del diagnóstico y las propuestas realizadas, se decidirá en qué áreas se debe actuar. La prioridad y el orden de las áreas serán determinados por la mesa negociadora, teniendo en cuenta las desigualdades entre mujeres y hombres detectadas en el diagnóstico.

El plan de igualdad basará las medidas en:

- **Ley Orgánica 3/2007, de 22 de marzo, de igualdad efectiva entre mujeres y hombres, art. 46.2**
  - Las medidas se basarán en las materias recogidas en el artículo 46.2.
  - No obstante, pueden añadirse medidas relativas a la violencia de género, la comunicación y el lenguaje no sexista, etc.
- **Ley Orgánica, 3/2007, de 22 de marzo, de igualdad efectiva entre mujeres y hombres, art. 11**
  - Acciones positivas: son aquellas medidas específicas en favor de las mujeres para corregir situaciones de desigualdad respecto a los hombres.
  - Han de ser proporcionadas y razonables.
- **Estatuto de los Trabajadores, art. 17.4**
  - De acuerdo con el artículo se podrán establecer preferencias y reservas en las condiciones de contratación. En igualdad de condiciones de idoneidad, se dará preferencia a la persona del sexo menos representado en ese grupo profesional.

PARA SABER MÁS

Puedes consultar dos ejemplos de planes de igualdad en dos empresas diferentes accediendo desde aquí:

Inditex	Ikea

https://redirectoronline.com/ctri00040310	*https://redirectoronline.com/ctri00040311*

 ## ACTIVIDAD COMPLEMENTARIA

3. Busca un mínimo de dos planes de igualdad publicados por distintas empresas y recoge información acerca del contenido y las distintas medidas que se llevan a cabo.

Una vez seleccionadas las áreas de mejora (basándose en los resultados de diagnóstico) y definidos los objetivos específicos para cada una de ellas, se deben determinar las **medidas** para la consecución de esos objetivos. Las medidas deben ser evaluables (Real Decreto-Ley 6/2019, de 1 de marzo), es decir, sean cuantitativas o cualitativas, deben ser cuantificables a través de los indicadores de seguimiento.

Así, para poder planificar las medidas se debe tener en cuenta:

Una de las tareas más relevantes de la fase de diseño del plan de igualdad es detallar qué medidas son las adecuadas para los objetivos específicos y qué indicadores son los mostrados, ya que de su idoneidad dependerá en gran medida la consecución de esos objetivos. En el plan se detallará la descripción de cada una de las medidas acordadas, donde constará **el área de intervención, el nombre de la medida, la descripción de las actividades, las persona/s responsables, el calendario para su implantación y los indicadores de seguimiento.**

A continuación, se muestran dos ejemplos:

➲ **Área de actuación: Formación**

   ૫ Objetivo:

      ⇕ Sensibilizar a toda la plantilla en materia de igualdad.

   ૫ Medidas:

      ⇕ Formación a toda la plantilla en materia de igualdad.
      ⇕ Formación a toda la plantilla sobre el contenido del plan de igualdad.
      ⇕ Realizar las acciones formativas en horario laboral.

   ૫ Indicadores:

      ⇕ Número de medidas propuestas y puestas en marcha.
      ⇕ Datos, desagregados por sexo, de las necesidades formativas de la plantilla.
      ⇕ Número y porcentaje de asistentes a las formaciones, desagregados por sexo.

- ⇕ Número y porcentaje de las formaciones realizadas dentro y fuera del horario laboral.
- ⇕ Número total de horas de formación y participantes desagregado por sexo

➲ **Área de actuación: Prevención del acoso sexual y acoso por razón de sexo**

- ☽ Objetivo:

  - ⇕ Garantizar un espacio libre de acoso sexual y acoso por razón de sexo.

- ☽ Medidas:

  - ⇕ Elaborar un protocolo de actuación ante el acoso sexual y acoso por razón de sexo.
  - ⇕ Realizar acciones de formación e información del contenido del protocolo.

- ☽ Indicadores:

  - ⇕ Comprobar la realización o no del documento.
  - ⇕ Número total de formaciones y asistentes desagregados por sexo.
  - ⇕ Grado de conocimiento del protocolo por parte de la plantilla, desagregado por sexo.

 TAREA 3

Las personas responsables de la elaboración de las medidas del plan de igualdad de la empresa Nexo Inclusivo, S. L. tienen dudas acerca de qué indicadores proponer para las medidas de la siguiente área de actuación:

Área de actuación: salud laboral

Objetivo: Garantizar la salud laboral de mujeres y hombres desde la perspectiva de género.

Continúa en página siguiente >>

<< Viene de página anterior

Medidas:

- Revisar, desde un enfoque de género, el plan de prevención de riesgos laborales.
- Recopilar datos desagregados por sexo, a través de cuestionarios anónimos, para conocer las necesidades específicas de mujeres y hombres en materia de salud laboral.

¿Puedes indicar qué indicadores corresponderían a esas dos medidas? Indica por lo menos tres indicadores.

4.4. Estructura y contenido mínimo

El plan de igualdad debe seguir la siguiente estructura:

- ⤵ **Presentación.** Incluir una ficha con los datos de la empresa.
- ⤵ **Partes suscriptoras del plan.** Partes legitimadas que suscriben el plan de igualdad.
- ⤵ **Ámbito personal, territorial y temporal.** En este apartado se debe especificar que el plan se aplicará a la totalidad de las personas que trabajen en la empresa, así como, si fuera el caso, a las personas cedidas de forma temporal. También, se debe indicar el ámbito territorial del plan (provincial, autonómico o nacional) e indicar los centros de trabajo de la empresa.
  En relación con el ámbito temporal, debe incluirse la vigencia del plan y asegurar que este se mantendrá en vigor hasta la aprobación del siguiente, sin que su duración máxima exceda el periodo previsto en el artículo 9.1 del Real Decreto 901/2020, de 13 de octubre, por el que se regulan los planes de igualdad y su registro, y se modifica el Real Decreto 713/2010, de 28 de mayo, sobre registro y depósito de convenios y acuerdos colectivos de trabajo.
- ⤵ **Informe diagnóstico.** Resumen con los resultados del diagnóstico y la auditoría retributiva.
- ⤵ **Objetivos del plan.** Definir los objetivos generales y específicos que se pretenden conseguir con el plan de igualdad. Es importante tener objetivos cuantitativos y objetivos cualitativos.
- ⤵ **Medidas de igualdad.** Definir todas las acciones y medidas evaluables de cada área de actuación. Se deben detallar los objetivos, indicadores

de seguimiento, recursos necesarios y plazo de ejecución de cada medida.

⊃ **Aplicación y seguimiento.** Definir el sistema de seguimiento, indicando el órgano responsable de la implantación del plan, las herramientas y los recursos necesarios, y la periodicidad.

⊃ **Evaluación y revisión.** Detallar el sistema de evaluación, indicando el órgano responsable, las herramientas y recursos y la periodicidad.

⊃ **Cronograma de las actuaciones.** Incluir un cronograma de las actuaciones, donde conste la implantación, seguimiento, revisión y evaluación del plan.

⊃ **Procedimiento de modificación.** Para finalizar, debe incluirse un procedimiento para solventar las posibles discrepancias que surgieran en la aplicación, revisión, seguimiento o evaluación.

 PARA SABER MÁS

Puedes consultar el documento, creado por el Instituto de las Mujeres, incluye una guía para realizar auditorías retributivas desde un enfoque de género. Accede a ella desde aquí:

https://redirectoronline.com/ctri00040312

4.5. Implantación

Una vez aprobado el plan de igualdad, empieza a contar el periodo de vigencia, por lo que deben ejecutarse las medidas recogidas en él. Además, previamente se debe comunicar a la plantilla la existencia del plan, y las acciones y herramientas que incluye. Se deben ejecutar las acciones, revisando los indicadores de igualdad, asegurando los recursos necesarios y asegurándose de cumplir con los objetivos planteados.

Los objetivos de esta fase son los siguientes:

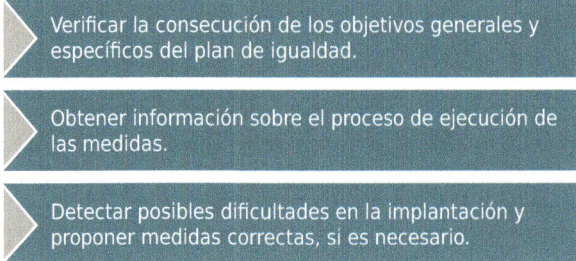

Verificar la consecución de los objetivos generales y específicos del plan de igualdad.

Obtener información sobre el proceso de ejecución de las medidas.

Detectar posibles dificultades en la implantación y proponer medidas correctas, si es necesario.

En esta fase de implementación intervienen las siguientes personas y órganos:

- **Dirección de la empresa.** Es la responsable de asegurar la igualdad y asignar los recursos.
- **Comisión negociadora.** Deben impulsar las primeras acciones de sensibilización e información.
- **Comisión de seguimiento del plan.** Debe analizar la información sobre la ejecución de acciones y revisarla cuando sea necesario.
- **Plantilla.** Debe ser informada de todo el proceso, de los objetivos y el contenido del plan de igualdad. Podrá participar, aportando su valoración del desarrollo, a través de los canales establecidos.
- **Departamento de Recursos Humanos.** Debe colaborar en la implementación y seguimiento del plan.
- **Persona o personas responsables de las medidas.** Son las encargadas de su puesta en marcha y deberán trasladar toda la información a fichas de seguimiento.
- **Representación legal de las personas trabajadoras.** Forma parte de la comisión negociadora. Recibirá información sobre la ejecución de las medidas y la consecución de los objetivos.

Como se ha contado, en esta fase se deben poner en marcha todas las medidas incluidas en el plan, siguiendo el cronograma establecido. Las personas responsables de las medidas serán las que cumplimenten las distintas fichas con la información de cada medida, por lo que es especialmente relevante tener en cuenta lo siguiente:

- Debe existir un compromiso continuado del equipo directivo.
- Se debe hacer partícipe a la representación legal de las personas trabajadoras.

- Cumplir el cronograma establecido, siempre con un margen de flexibilidad si se deben incorporar modificaciones.
- Contar con personas con formación y/o experiencia en materia de igualdad.
- Tener presentes los objetivos de cada medida y recopilar la información necesaria para un buen seguimiento.
- Facilitar los recursos necesarios para poner en marcha las acciones.
- Realizar el seguimiento de la ejecución de todas las medidas.

4.6. Seguimiento y evaluación

El seguimiento es una parte fundamental del proceso y debe realizarse en paralelo con la ejecución del plan de igualdad. El seguimiento se utiliza para controlar la ejecución de las medidas y poder detectar los obstáculos y aplicar medidas correctoras. También es necesario diseñar una ficha de seguimiento de las medidas, donde se incluya toda la información de estas, de su implementación y los indicadores de seguimiento indicados. La ficha la cumplimentarán la persona o personas responsables de poner en marcha cada acción y medida.

Los indicadores de seguimiento deben ser coherentes, cuantitativos y cualitativos, comparables en el tiempo y desagregados por sexo.

Destacan cuatro tipos de indicadores:

- **Indicadores de seguimiento de las medidas.** Se definen en el diseño de las medidas y deben ir acorde con los objetivos del plan de igualdad.
- **Indicadores de proceso.** Respecto a cada medida, informan de su idoneidad y suficiencia de los recursos, si se han encontrado dificultades y cómo se han resuelto.
- **Indicadores de resultado.** Grado de ejecución de cada medida.
- **Indicadores de impacto.** Miden los cambios en materia de igualdad que han sido consecuencia de las acciones y medidas realizadas.

Durante el proceso de ejecución y seguimiento, paralelamente, se debe realizar también lo siguiente:

- **Revisión del plan de igualdad.** Durante la ejecución y seguimiento también debe revisarse el plan, con el objetivo de ver qué es necesario corregir, añadir, mejorar o reorientar. Esta revisión se lleva en los plazos que prevea el plan y en los siguientes casos:

◑ Cuando se produzca una absorción, fusión, transmisión o modificación de la forma jurídica de la empresa.

◑ Cuando haya una falta de adecuación a los requisitos legales y reglamentarios o insuficiencia como resultado de una Inspección de Trabajo.

◑ Cuando se produzca cualquier incidencia que modifique de manera sustancial la plantilla, los métodos de trabajo, sistemas retributivos, inaplicación de convenio y/o modificaciones sustanciales en las condiciones de trabajo.

◑ Cuando una resolución judicial condene a la empresa por discriminación directa o indirecta por razón de sexo.

⊃ **Informe de seguimiento.** En el informe de seguimiento se debe incluir toda la información de la ejecución de las medidas y acciones, e indicar de forma clara y observable las acciones que ya se están ejecutando o retrasando, las áreas donde se debe actuar, los obstáculos, las soluciones, los cambios y avances, etc. La información del informe se extraerá de los datos recopilados de las fichas de seguimiento de las medidas. Es necesario redactar un informe anual, durante toda la vigencia del plan, que a su vez servirá también para la evaluación.

 ## PARA SABER MÁS

Puedes visualizar el informe de seguimiento del plan de igualdad de la Universidad Carlos III de Madrid. En este caso, el informe de seguimiento se basa en dos bloques: situación de la universidad y análisis del segundo plan de igualdad. Accede desde aquí para verlo:

https://redirectoronline.com/ctri00040313

4.7. Registro del plan de igualdad

Es obligatorio inscribir los planes de igualdad en el Registro de Planes de igualdad, sea cual sea su origen, es decir, sea un plan de igualdad obligatorio o voluntario. Asimismo, al inscribir un plan, el contenido de este será público.

Una vez firmado el plan, la comisión negociadora, o quien sea la persona encargada de la solicitud, dentro de un plazo de quince días deberá presentar, a través de medios electrónicos, la solicitud de inscripción ante el registro de la autoridad laboral competente.

Esta solicitud debe ir acompañada de:

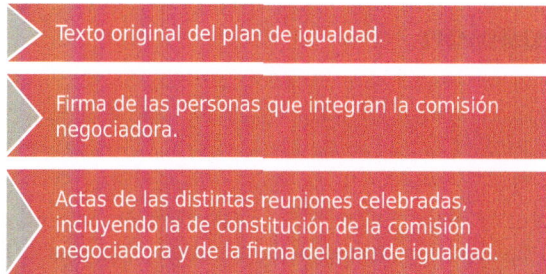

Texto original del plan de igualdad.

Firma de las personas que integran la comisión negociadora.

Actas de las distintas reuniones celebradas, incluyendo la de constitución de la comisión negociadora y de la firma del plan de igualdad.

 PARA SABER MÁS

El registro de los planes de igualdad de las empresas está regulado en el Real Decreto 713/2010, de 28 de mayo, sobre registro y depósito de convenios y acuerdos colectivos de trabajo, así como en los acuerdos colectivos creados por las comunidades autónomas, por lo que corresponde al Registro de Convenios y Acuerdos Colectivos, adscrito a la Dirección General de Trabajo, la inscripción de los planes de igualdad a nivel estatal o supraautonómica y a cada autoridad laboral competente de las comunidades autónomas la inscripción de los referentes a su comunidad.

A nivel nacional, se puede realizar a través de la Dirección General de Trabajo del Ministerio de Trabajo y Economía Social, el REGCON, consúltalo accediendo desde aquí:

Continúa en página siguiente >>

<< Viene de página anterior

https://redirectoronline.com/ctri00040314

5. Identificación de la comisión de seguimiento y evaluación

👉 HILO CONDUCTOR

En la empresa Nexo Inclusivo, S. L. ya están implementando el plan de igualdad aprobado. La comisión de evaluación acaba de programar la primera reunión de evaluación del plan para dentro de tres semanas. Las personas responsables están trabajando en los distintos puntos del día, identificando a través de unas plantillas creadas específicamente para esta tarea qué medidas se han aplicado, cuáles no y qué posibles mejoras o correcciones deben realizarse.

También han recogido, a través de cuestionarios anónimos desagregados por sexo, las distintas opiniones de la plantilla acerca de las medidas implementadas.

La Comisión de Seguimiento y Evaluación del Plan de Igualdad es el órgano que desarrolla las medidas necesarias para poder evaluar el plan, por lo que debe elaborar los informes pertinentes, basándose en los indicadores.

Esta fase es imprescindible, ya que permite detectar y corregir los posibles errores y evaluar las medidas y herramientas adoptadas, comprobando si contribuyen o no a la consecución de los objetivos generales y específicos del plan de igualdad.

Los objetivos principales de esta fase serían:

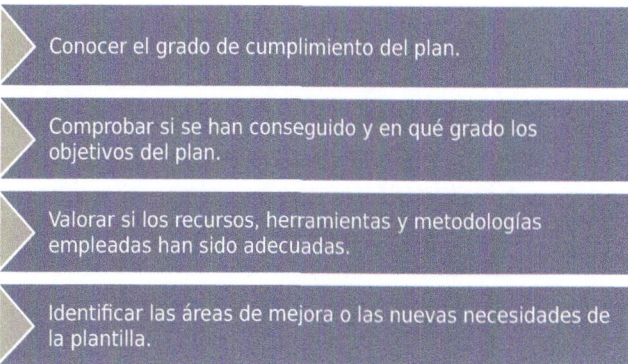

Conocer el grado de cumplimiento del plan.

Comprobar si se han conseguido y en qué grado los objetivos del plan.

Valorar si los recursos, herramientas y metodologías empleadas han sido adecuadas.

Identificar las áreas de mejora o las nuevas necesidades de la plantilla.

5.1. Constitución

Antes de empezar a desarrollar el plan de igualdad es necesario crear **la Comisión de Seguimiento y Evaluación.** Suele ser la misma que ha negociado el plan de igualdad.

Además, es una parte fundamental del plan y contribuye a que este se desarrolle de forma efectiva. La comisión está formada por los siguientes representantes:

- ⮑ **Dirección de la empresa.** Es la responsable última de asegurar la igualdad y debe asignar los recursos necesarios.
- ⮑ **Comisión de seguimiento.** Es designada por la comisión negociadora y debe realizar los informes de seguimiento.
- ⮑ **Plantilla.** Su participación se basa en cumplimentar los distintos cuestionarios que se realizan para evaluar el plan y realizar el informe de evaluación.
- ⮑ **Representación legal de las personas trabajadoras.** Se les informa del contenido del plan y la consecución de los objetivos.

5.2. Funcionamiento

La Comisión de Seguimiento y Evaluación debe tener su propio régimen de funcionamiento o reglamento, donde se debe recoger, como mínimo:

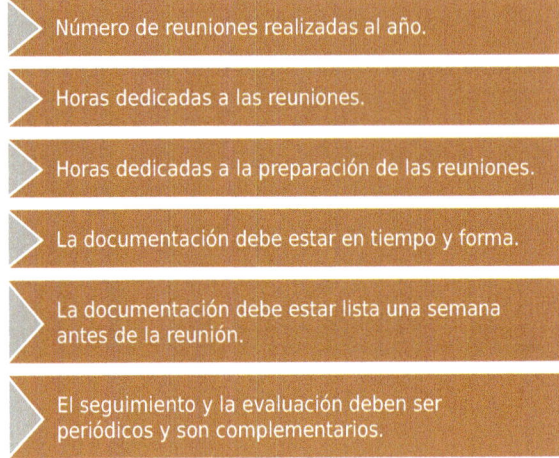

5.3. Funciones y funcionamiento interno de la Comisión

La Comisión de Seguimiento y Evaluación tiene distintas funciones que cumplir, entre otras:

- Definir los plazos de ejecución de las distintas medidas y acciones positivas, así como de los indicadores que van a permitir evaluar estas medidas y acciones.
- Promover el principio de igualdad.
- Acordar con la dirección las medidas de conciliación y corresponsabilidad.
- Debe ser informada de las ofertas de trabajo y del proceso de selección de forma trimestral.
- Debe ser informada de los cambios internos de puestos de trabajo.
- Conocer las denuncias de acoso sexual y acoso por razón de sexo existentes en la empresa.
- Conocer las denuncias por incumplimiento del plan LGTBI.
- Promover las medidas y acciones formativas basadas en el acoso sexual, acoso por razón de sexo y el colectivo LGTBI.
- Promover acciones de sensibilización y formativas en materia de igualdad.
- Seguimiento de todas las medidas y acciones que se establezcan para fomentar la igualdad.
- Identificar los ámbitos prioritarios de actuación.
- Elaborar el informe anual de evaluación del plan de igualdad.
- Participar en la elaboración de materiales y procedimientos que tengan relación con el plan de igualdad.

◌ Resolver los conflictos que surjan en la interpretación del plan de Igualdad.
◌ Realizar la difusión del plan.

El **funcionamiento interno** de la Comisión de Seguimiento y Evaluación deberá estar basado en las siguientes premisas:

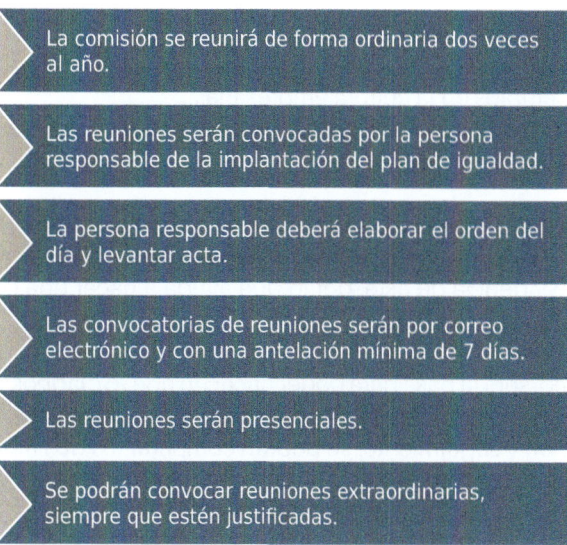

La comisión se reunirá de forma ordinaria dos veces al año.

Las reuniones serán convocadas por la persona responsable de la implantación del plan de igualdad.

La persona responsable deberá elaborar el orden del día y levantar acta.

Las convocatorias de reuniones serán por correo electrónico y con una antelación mínima de 7 días.

Las reuniones serán presenciales.

Se podrán convocar reuniones extraordinarias, siempre que estén justificadas.

5.4. Competencias

La competencia principal de la Comisión de Seguimiento y Evaluación es realizar el **informe de evaluación,** tanto los informes de evaluaciones intermedias como la final, a partir de los datos y la información recopilada. Los informes se basarán en tres ejes principales:

◌ **Evaluación de resultados:**

  ◌ Grado de cumplimiento de los objetivos planteados.
  ◌ Grado de consecución de los resultados esperados.
  ◌ Nivel de corrección de las desigualdades emprendidas.

◌ **Evaluación de proceso:**

  ◌ Nivel de desarrollo de las acciones emprendidas.

- ◖ Grado de dificultad encontrado y/o percibido en el desarrollo de las acciones.
- ◖ Tipo de dificultades y soluciones aportadas.
- ◖ Cambios producidos en las acciones y desarrollo del plan.
- ◖ Grado de incorporación de la igualdad de oportunidades entre mujeres y hombres en la gestión de la empresa.

⮑ Evaluación de impacto:

- ◖ Cambios en la cultura empresarial.
- ◖ Reducción de desequilibrios en la participación y presencia de mujeres y hombres.

El informe de evaluación contiene información cualitativa y cuantitativa referida a todos los aspectos relevantes del plan de igualdad durante el periodo de vigencia de este, por lo que ayuda a hacer una comparativa de la situación de la empresa.

Asimismo, será la base para poder hacer un nuevo diagnóstico cuando deba renovarse el plan de igualdad; porque, una vez obtenidos los resultados de evaluación y seguimiento, se podrán comparar los dos momentos, el inicial y el alcanzado después de aplicar las distintas acciones y herramientas y, por tanto, se podrán también proponer modificaciones.

 IMPORTANTE

Hay que tener en cuenta que el proceso es circular y continuo, que enlaza la finalización de la vigencia de un plan y, por tanto, su evaluación, con el inicio del siguiente plan.

El informe de evaluación del plan de igualdad debe contener como mínimo la siguiente información:

⮑ Datos generales:

- ◖ Razón social
- ◖ Fecha del informe
- ◖ Periodo de análisis
- ◖ Comisión/personas que lo realizan

⊃ **Información de resultados para cada área de actuación:**

- ⋃ Información sobre la implementación de las medidas.
- ⋃ Resumen de datos relativos a la ejecución, consecución de objetivos y cumplimiento de planificación.
- ⋃ Conclusiones acerca de los datos e información obtenida a través de los cuestionarios realizados a la plantilla, dirección de la empresa y comisión.
- ⋃ Valoración general del periodo.

⊃ **Información sobre el proceso de implantación:**

- ⋃ Adecuación de los recursos.
- ⋃ Obstáculos y dificultades encontradas durante la ejecución.
- ⋃ Soluciones que se han dado a los obstáculos y dificultades encontrados (indicar cuáles).

⊃ **Información sobre impacto:**

- ⋃ Cambios que se han llevado a cabo tanto con las personas como en la gestión empresarial.

⊃ **Conclusiones y propuestas:**

- ⋃ Valoración general del periodo de referencia.
- ⋃ Propuestas de corrección o mejora a corto, medio y largo plazo.

 PARA SABER MÁS

Puedes ver un modelo de informe de evaluación creado por el Instituto de las Mujeres accediendo desde aquí:

https://redirectoronline.com/ctri00040318

5.5. Indicadores de evaluación

Es fundamental establecer un buen sistema de indicadores durante la programación, para que así, el seguimiento y evaluación sean útiles. Esta evaluación debe responder a tres cuestiones básicas, es decir, el sistema de evaluación se corresponde con tres ejes principales:

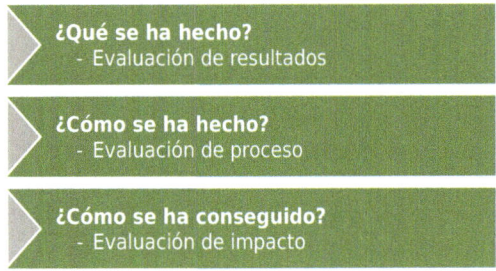

¿Qué se ha hecho?
- Evaluación de resultados

¿Cómo se ha hecho?
- Evaluación de proceso

¿Cómo se ha conseguido?
- Evaluación de impacto

 **PARA SABER MÁS**

Es importante que los indicadores de evaluación se realicen desde una perspectiva de género e interseccional. Por ello surgen los denominados **indicadores de género.**

Consulta una aproximación a ellos y al proceso de construcción que tienen accediendo desde aquí:

https://redirectoronline.com/ctri00040315

Es importante seguir las siguientes **recomendaciones** para que sea más sencillo el proceso de seguimiento y evaluación del plan de igualdad:

- Realizar un seguimiento cada seis meses.
- Evaluar de forma parcial anualmente.
- Definir los periodos en que se realizará la evaluación parcial (intermedia) y la final.
- Establecer un sistema riguroso de recopilación y sistematización de la información y documentación generada.
- Crear modelos de cuestionarios para que rellene la plantilla, la dirección y otras personas que han participado en el proceso.
- Elaborar propuestas de mejora de las medidas incluidas en el plan, para así conseguir los objetivos propuestos.
- Mantener informada a la plantilla sobre el desarrollo del plan, las acciones y la consecución de objetivos.

 PARA SABER MÁS

Puedes visualizar un ejemplo de encuesta acerca del conocimiento que tiene la persona sobre el plan de igualdad, sobre las medidas y acciones que lo componen y su opinión acerca de ello accediendo desde aquí:

https://redirectoronline.com/ctri00040316

6. Resumen

La consecución de la igualdad efectiva entre mujeres y hombres en todas las áreas de la vida es un objetivo primordial para los Gobiernos y sociedades actuales, por lo que es imprescindible conseguir esta igualdad también en el ámbito organizativo. Por ello, una de las medidas llevadas a cabo es el diseño, la elaboración y la implementación de los planes de igualdad en las empresas. Estos planes de igualdad tienen las siguientes fases:

⮑ Fase 1: puesta en marcha del proceso de elaboración del plan de igualdad:

  ↻ Iniciativa de la empresa de elaborar el plan de igualdad.
  ↻ Constitución de la mesa negociadora

⮑ Fase 2: diagnóstico:

  ↻ En esta fase se debe analizar la situación de partida de la empresa. Se han de detectar las áreas que presentan discriminaciones y/o desigualdades.
  ↻ Realizar auditoría y registro retributivo.
  ↻ Todos los datos han de estar desagregados por sexo.
  ↻ Realizar informe del diagnóstico, donde conste las acciones realizadas, los resultados, las áreas detectadas y las prioridades de actuación.

⮑ Fase 3: diseño, aprobación y registro:

  ↻ Según los resultados del diagnóstico y las propuestas realizadas, se diseñan, junto a la mesa negociadora, las medidas que deben realizarse.
  ↻ Cada medida debe corresponder a un objetivo y tener indicadores de seguimiento y evaluación.
  ↻ Una vez aprobado el plan de igualdad, debe registrarse de forma obligatoria.

⮑ Fase 4: implantación y seguimiento:

  ↻ Una vez aprobado el plan, empieza el periodo de vigente, por lo que se debe implantar.
  ↻ Se debe comunicar a la plantilla las acciones que se van a realizar.
  ↻ Siguiendo el cronograma se deben ejecutar las acciones previstas en el plan.
  ↻ El seguimiento es un parte esencial del proceso y debe realizarse de forma paralela a la ejecución de las acciones.
  ↻ El seguimiento es para controlar la correcta ejecución y detectar dificultades y obstáculos, y así proponer medidas correctoras.
  ↻ Se deben realizar informes de seguimiento.

⮑ Fase 5: evaluación:

  ↻ El objetivo de la evaluación del plan es conocer el grado de cumplimiento de este y también valorar si las medidas y recursos han sido adecuados.

❂ Además, la evaluación permite identificar qué áreas deben mejorar y proponer nuevas medidas para ello.

❂ Se debe realizar una evaluación cada seis meses y cumplimentar el correspondiente informe de evaluación.

Ejercicios de autoevaluación
Unidad de Aprendizaje 3

1. ¿Qué es la segregación horizontal en el ámbito laboral?

a. Cuando las mujeres no pueden acceder a los puestos directivos.
b. Cuando las mujeres están sobrerrepresentadas en sectores tradicionalmente femeninos.
c. Cuando hay igualdad en la representación de ambos sexos en todos los niveles.
d. Cuando los hombres y mujeres tienen los mismos salarios.

2. ¿Qué implica la acción positiva en el contexto de igualdad de género?

a. Promover la discriminación de género.
b. Realizar acciones temporales para corregir desigualdades estructurales.
c. Asegurar que todas las mujeres obtengan promociones automáticas.
d. Fomentar la neutralidad de género en los lugares de trabajo.

3. ¿Qué se entiende por brecha de género?

a. La diferencia de edad entre hombres y mujeres en el trabajo.
b. La falta de mujeres en carreras STEM.
c. La diferencia en salario, responsabilidades o condiciones laborales entre hombres y mujeres.
d. La igualdad salarial entre hombres y mujeres.

4. ¿Qué aspecto analiza el enfoque interseccional?

a. La interacción entre género, raza, clase, orientación sexual, entre otros factores.
b. Las diferencias entre hombres y mujeres.
c. Solo las diferencias salariales entre hombres y mujeres.
d. La falta de representación femenina en el deporte.

5. ¿Qué debe incluir el diagnóstico inicial de un plan de igualdad?

a. Solo la información sobre los salarios de los trabajadores.
b. Exclusivamente las quejas por acoso sexual.
c. Los beneficios de la empresa y su distribución.
d. Un análisis de la situación de desigualdad en la empresa.

6. La conciliación en el ámbito laboral se refiere a:

a. La reducción de la jornada laboral para las mujeres.
b. La combinación equilibrada entre la vida personal, familiar y laboral.
c. La obligación de las mujeres de cuidar a sus hijos.
d. El aumento de horas laborales para las mujeres.

7. ¿Qué es el acoso por razón de sexo?

a. Comportamientos intimidatorios basados en la naturaleza sexual.
b. Una broma ocasional entre compañeros.
c. Cualquier comportamiento dirigido hacia una persona por su sexo que atente contra su dignidad.
d. La diferencia salarial entre hombres y mujeres.

8. ¿Cuál es el objetivo principal de un plan de igualdad en la empresa?

a. Aumentar las horas de trabajo.
b. Garantizar la igualdad de oportunidades y eliminar la discriminación por razón de sexo.
c. Prohibir la contratación de hombres en puestos directivos.
d. Reducir el número de empleados.

9. La segregación vertical se refiere a:

a. La diferencia salarial entre hombres y mujeres.
b. La sobrerrepresentación de mujeres en trabajos técnicos.
c. El acceso exclusivo de mujeres a roles de liderazgo.
d. La imposibilidad de las mujeres de acceder a altos cargos.

10. ¿Qué función tiene la mesa negociadora en el plan de igualdad?

    a. Impulsar el diagnóstico y proponer medidas correctivas.
    b. Determinar los salarios de los empleados.
    c. Definir quién será promovido en la empresa.
    d. Evitar la implementación de políticas de igualdad.

Glosario

Acción positiva
Son las medidas dirigidas a un grupo determinado, con las que se pretende suprimir y prevenir una discriminación/opresión/desigualdad o compensar las desventajas resultantes de actitudes, comportamientos y estructuras existentes.

Acoso por razón de sexo
Cualquier comportamiento realizado en función del sexo de una persona, con el propósito o el efecto de atentar contra su dignidad y de crear un entorno intimidatorio, degradante u ofensivo.

Acoso sexual
Cualquier comportamiento, verbal o físico, de naturaleza sexual que tenga el propósito o produzca el efecto de atentar contra la dignidad de una persona, en particular cuando se crea un entorno intimidatorio, degradante u ofensivo.

Androcentrismo
El hombre como medida de todas las cosas. La tendencia a posicionar la experiencia del hombre en el centro de las explicaciones sobre las personas y el mundo.

Auditoría de género
Análisis de políticas, programas e instituciones en cuanto a cómo aplican criterios relacionados con el género.

Conciliación
Conjunto de medidas y políticas destinadas a permitir que las personas puedan equilibrar sus responsabilidades laborales con sus obligaciones familiares y personales, sin que una afecte negativamente a la otra. Estas medidas buscan garantizar que tanto hombres como mujeres tengan igualdad de oportunidades para participar plenamente en el ámbito laboral, mientras

gestionan sus responsabilidades familiares, como el cuidado de hijos, personas dependientes o actividades personales.

Datos desagregados por sexo
Recogida y desglose de datos y de información estadística por sexo, teniendo en cuenta las especificidades del género.

Discriminación
Tratar de forma desigual a una persona o grupo de personas por motivos religiosos, políticos, de sexo, raciales, de edad, etc.

Discriminación directa
Una persona es tratada de forma menos favorable que otra en una situación comparable, por razón de sexo.

Discriminación indirecta
Situación que se presupone neutra, pero que sitúa a las personas de un determinado sexo en desventaja respecto a las del otro sexo.

Discriminación positiva
También conocida como acción positiva, es un conjunto de medidas temporales diseñadas para favorecer a grupos que han sufrido históricamente discriminación o desigualdad, con el objetivo de corregir dichas desventajas.

Diversidad
Todas las personas somos diferentes. Se busca que mujeres y hombres sean iguales en la diferencia.

Enfoque sensible al género
Herramienta conceptual que busca mostrar las diferencias entre mujeres y hombres, es decir, presta atención a estas diferencias entre sexos en las distintas actividades.

Equidad
Parte de las diferencias buscando un equilibrio igualitario.

Esfera privada
Ámbito reproductivo, tradicionalmente asignado a las mujeres.

Esfera pública
Ámbito productivo, tradicionalmente asignado a los hombres.

Estereotipos de género
Conjunto de ideas impuestas, simplificadas, asumidas por la sociedad sobre las actitudes, aptitudes y características de hombres y mujeres.

Feminización de la pobreza
Tendencia al aumento de la incidencia y prevalencia de la pobreza entre las mujeres.

Feminizado
Sector que tiene las características asignadas tradicionalmente a las mujeres.

Igualdad
Busca que desaparezca la desigualdad de trato y oportunidades.

Igualdad de trato
Debe tratarse a todas las personas sin discriminación.

Igualdad formal
Artículo 14 de la Constitución, donde se reconoce que todas las personas son iguales ante la ley.

Igualdad real
Igualdad, no solo ante la ley, sino también en todos los ámbitos de la sociedad.

Masculinizado
Sector que tiene las características tradicionalmente asignadas a los hombres.

Participación equilibrada de mujeres y hombres
Reparto de las posiciones de poder y de toma de decisiones (entre el 40 y el 60 % por sexo) entre mujeres y hombres en todas las esferas de la vida.

Patriarcado
El patriarcado se perpetúa a través de un conjunto de prácticas materiales y culturales que favorecen el acceso a los órganos de poder y toma de decisión a los hombres.

Plan de igualdad
Conjunto de medidas evaluables que buscan la consecución de la igualdad efectiva de mujeres y hombres, y por tanto, eliminar la discriminación y desigualdad en las empresas.

Prejuicios
Sentimientos y emociones positivas o negativas que se tienen sobre un grupo social y las personas que forman parte de él.

Prevención

Medida que se toma para evitar un riesgo, en este caso prevenir el acoso sexual y/o acoso por razón de sexo.

Protocolo de acoso sexual y acoso por razón de sexo

Documento que establece los procedimientos de actuación de una determinada empresa cuando ocurran casos de acoso sexual y por razón de sexo.

Riesgos psicosociales

Condiciones laborales que pueden repercutir de forma negativa en la salud física y/o psicológica de una persona trabajadora.

Roles de género

Conjunto de normas sociales y comportamientos que deben seguir hombres y mujeres en función de la construcción social de femineidad y masculinidad de esa sociedad.

Segregación horizontal

Se produce cuando las mujeres están sobrerrepresentadas en actividades vinculadas a las tareas habitualmente femeninas basadas en la división sexual del trabajo.

Segregación vertical

Se produce cuando las personas de determinado sexo o raza no pueden acceder a los puestos más altos de las empresas. También se conoce como techo de cristal.

Sensibilización

Busca visibilidad los problemas de género y promover acciones y estrategas para evitar y prevenir la violencia contra las mujeres.

Socialización diferencial de género

Implica que las niñas y los niños son diferentes y, por lo tanto, deben tener roles distintos en la vida. Es un proceso que perpetúa las desigualdades y la división sexual del trabajo.

Techo de cristal

Barrera invisible, resultante del entramado de estructuras en organizaciones dominadas por hombres, que impide que las mujeres accedan a puestos de poder.

Trabajo a tiempo parcial

Empleo con un horario laboral más corto que el habitual.

Violencia contra las mujeres

Violencias basadas en la desigualdad de poder de mujeres y hombres, y en la estructura social patriarcal. Violencias que sufren las mujeres por el simple hecho de ser mujeres.

Bibliografía

Textos electrónicos, bases de datos y programas informáticos

→ ARCE, C.: *La discriminación sistémica respecto a las personas de origen migrante en España. Papeles. El tiempo de los derechos,* de: <https://e-archivo.uc3m.es/rest/api/core/bitstreams/c088c206-c42b-41ee-bfae-e186c4facffa/content>.

> En este artículo se describen los distintos tipos de discriminación que pueden sufrir las personas y las consecuencias que tienen.

→ Comisiones Obreras: *Guía para no perderse en el Real Decreto 901/2020 relativo a la negociación y registro de los planes de igualdad,* de: <https://www.ccoo.es/784a548d0cc314fd69cd6290a45dac24000001.pdf>.

> En esta guía se incluyen todas las modificaciones y características del Real Decreto 901/2020, con ejemplos de aplicación práctica.

→ Comisiones Obreras: *Guía práctica para la elaboración de un plan de igualdad.* Comisiones Obreras Industria, de: <https://industria.ccoo.es/81c50fcb3ddd08ac800117eb263e481a000060.pdf>.

> En esta guía se describen todos los pasos y fases a seguir para la elaboración y ejecución de un plan de igualdad, con las últimas modificaciones.

→ *Guía para la elaboración de planes de igualdad en las empresas. Instituto de las Mujeres,* de: <https://www.igualdadenlaempresa.es/asesoramiento/herramientas-igualdad/docs/Guia_pdi.pdf>.

> Esta guía, creada por el Instituto de las Mujeres, recorre todas las fases del plan de igualdad. Ofrece recursos y plantillas para poder diseñar de forma correcta y efectiva el plan.

Legislación y normativa

→ Ley 15/2022, de 12 de julio, integral para la igualdad de trato y la no discriminación.

→ Ley Orgánica 10/2022, de 6 de septiembre, de garantía integral de la libertad sexual.

→ Ley Orgánica 3/2007, de 22 de marzo, para la igualdad efectiva de mujeres y hombres.

→ Real Decreto-Ley 6/2019, de 1 de marzo, de medidas urgentes para garantía de la igualdad de trato y de oportunidades entre mujeres y hombres en el empleo y la ocupación.

→ Real Decreto 901/2020, de 13 de octubre, por el que se regulan los planes de igualdad y su registro y se modifica el Real Decreto 713/2010, de 28 de mayo, sobre registro y depósito de convenios y acuerdos colectivos de trabajo.

→ Real Decreto 902/2020, de 13 de octubre, de igualdad retributiva entre mujeres y hombres.

→ Real Decreto Legislativo 2/2015, de 23 de octubre, por el que se aprueba el texto refundido de la Ley del Estatuto de los Trabajadores.